Titel der Maturitätsarbeit

Was geschah nach 1971?

Wie Schweizer Frauen in die Politik fanden

Autorin

Élodie Felicitas Peter

Eingereicht am
19. Oktober 2020
Betreut durch
Prof. Dr. Daniel Wiedenkeller und
Prof. Dr. Jakob Tanner
Kantonsschule Zürcher Oberland

Bibliografische Information der Deutschen Nationalbibliothek: Die Deutsche Nationalbibliothek verzeichnet diese Publikation in der Deutschen Nationalbibliografie; detaillierte bibliografische Daten sind im Internet über dnb.dnb.de abrufbar.

Copyright © 2022 by Élodie Peter
Herstellung und Verlag: BoD – Books on Demand, Norderstedt
Covergestalltung und Layout: Elizaveta Skargina

ISBN: 978-3-7526-2312-3

Was geschah nach 1971?

Wie Schweizer Frauen in die Politik fanden

INHALT

1
EINLEITUNG

Wenn in Geschichtsbüchern von Menschen zur Zeit X gesprochen wird, dann sind damit meist Männer gemeint. Wenn Frauen gemeint sind, dann steht immer explizit «Frau» geschrieben. Ist es nicht tragisch, dass die Hälfte der Menschheit bloss in geisterhafter Weise in unserer Geschichtserzählung vorkommt? Dass man sich immer fragen muss, ob Mensch gleich Mensch oder Mensch gleich Mann ist?

Die Vergangenheit der Menschheit besteht in gleicher Weise aus der von Männern, wie auch der von Frauen und Nichtbinären.[1] Wir lernen Geschichte, um durch die Vergangenheit zu lernen und um besser verstehen zu können, weshalb heute die Dinge so sind, wie sie sind. Wenn einzelne Menschen nicht in der Geschichtsschreibung erscheinen, weil sie nicht festgehalten werden, dann fehlt uns ein Teil der Vergangenheit und somit entspricht das Bild, das man von dieser früheren Zeit hat, auch nicht der Wirklichkeit. Woraus können wir lernen, wenn wir nichts wissen?

Dieser Gedanke an Vergessenheit in der Geschichte, an Inklusion[2] und Exklusion, hat mich schon immer interessiert. Was war mit den Frauen, den Jugendlichen, den Kindern? Denn es wird meist nur über Männer geschrieben. Über Männer, die Geschichte machten. Über Männer, die in Kriegen kämpften, Länder entdeckten, Politik machten.

Geschichte ist enger mit Politik verknüpft, als man vielleicht denken mag. Politik, an der sich Frauen, speziell auch in der Schweiz, lange nicht beteiligen durften. Somit ist mit dem Frauenstimmrecht also weit mehr verknüpft als das politische Mitspracherecht. Das Stimmrecht brachte auch eine Sichtbarkeitsmachung mit sich.

Ich kann mich an kein Thema mehr erinnern, das nicht im Entferntesten etwas mit Politik zu tun hatte. Der Absolutismus, die Französische Revolution, der Imperialismus, der Kalte Krieg. Vermutlich könnte ich jedes einzelne Thema, das ich jemals in Geschichte behandelt habe, aufzählen.[3] Politik war niemals kein Thema und auch heute ist Politik immer ein Thema. Es gibt kein Leben ohne Politik.

Als ich mich nach einem Maturitätsarbeitsthema umsah, war mir rasch klar, dass ich in Richtung Geschlechtergleichstellung gehen wollte. Das Frauenstimmrecht war das erste, das mir dazu einfiel. Obwohl ich nach weiteren Themen suchte, liess mich das The-

---

1   Anmerkung: Geschlecht wird meist als ein binäres System betrachtet. D.h. dass angenommen wird, dass bloss zwei existieren: Mann und Frau. Nichtbinäre sind Personen, die sich weder als Frau, noch als Mann bezeichnen würden.

2   Anmerkung: Ich werde in der Arbeit hin und wieder das sog. Gendersternchen verwenden um den Gedanke von Inklusion auch in die Sprache einzubringen. Das Sternchen ist ein Platzhalter, der Personenbezeichnungen neben männlich und weiblich sichtbar machen sollte. Somit steht bspw. Politiker*innen für alle Menschen, die ein politisches Amt innehaben – seien das nun Frauen, Männer oder Nichtbinäre.

3   Anmerkung: Es ist sehr interessant, welche Dinge der Vergangenheit im Geschichtsunterricht gelehrt werden – meist Politik- oder Militärgeschichte.

ma «Frauenstimmrecht» nicht mehr los. Besonders auch, weil es stückweit für diesen Grundgedanken an Vergessenheit in der Geschichte steht.

Ich habe rasch festgestellt, dass die politische Exklusion der Schweizer Frauen bis Einführung des Stimm- und Wahlrechts für Frauen (1971), sehr gut dokumentiert ist. Ab 1971 bezüglich Erlebnissen von Frauen in der Politik, war das Datenmaterial jedoch sehr spärlich. Hier muss angemerkt werden, dass die Arbeit zu einem Zeitpunkt verfasst wurde, indem in der Schweiz dieser Boom, den das «50 Jahre Frauenstimmrecht»-Jubiläum bezüglich neuen Publikationen zum Thema ausgelöst hat, noch nicht da war. Auf Bücher, die in diesem Zeitraum entstanden sind, wird deshalb nicht eigegangen.

Bezüglich Frauenstimmrechtsbewegung in der Schweiz, «Frauengeschichte» und Frauen in der Politik gibt es bereits einiges an historischer Forschungsliteratur. An dieser Stelle möchte ich nun einige sehr essentielle Arbeiten nennen:
Hardmeier, Sibylle: Frühe Frauenstimmrechtsbewegung in der Schweiz (1890-1930): Argumente, Strategien, Netzwerk und Gegenbewegung , Zürich: Chronos Verlag 1997 Hetzer, Vita Alix: Männeruni - Frauenfragen! : die Auseinandersetzungen um die Gleichstellung an zwei Hochschulen, Zürich: Chronos Verlag 2015 Joris, Elisabeth, Heidi Witzig: Frauengeschichte(n). Dokumente aus zwei Jahrhunderten zur Situation der Frauen in der Schweiz, Zürich: Chronos 1986 Mesmer, Beatrix: Staatsbürgerinnen ohne Stimmrecht. Die Politik der schweizerischen Frauenverbände 1914-1971, Zürich: Chronos Verlag 2007 Seitz, Werner: Auf die Wartebank geschoben: der Kampf um die politische Gleichstellung der Frauen in der Schweiz seit 1900, Zürich: Chronos Verlag 2020 Studer, Brigitte, Regina Wecker, Beatrice Ziegler (Hg.): Frauen und Staat. Berichte des Schweizerischen Historikertages in Bern, Oktober 1996, Basel 1998 Voegeli, Yvonne: Zwischen Hausrat und Rathaus. Auseinandersetzungen um die politische Gleichberechtigung der Frauen in der Schweiz 1945-1971, Zürich: Chronos 1997 Wecker, Regina: «Staatsbürgerrechte, Mutterschaft und Grundrechte», in: Schweizerische Zeitschrift für Geschichte 46 (1996), S. 383-410
Von den meisten dieser Bücher existiert ein Exemplar im Gosteli Archiv (Archiv zur Geschichte der schweizerischen Frauenbewegung).

In meiner Arbeit habe ich aber vor allem mit mündlichen Quellen gearbeitet. Dadurch, dass ich Gespräche mit Zeitzeuginnen geführt habe, konnten neue Erkenntnisse gewonnen werden. Neben hin und wieder einer Frage in einem Interview mit einer Politikerin und dem Aufsatz der Schweizer Historikerin und Geschlechterforscherin FABIENNE AMLINGER *«Am Rande des politischen Geschehens». Die ersten eidgenössischen Politikerinnen, in: Macht und Repräsentativität von Schweizer Parlamenten nach 1848 (2018) S. 101-113* wurde diese politische Anfangszeit noch nicht beleuchtet. AMLINGER war ausserdem die Kuratorin der Ausstellung *Frauen ins Bundeshaus! 50 Jahre Frauenstimmrecht. 15.12.2020 - 14.11.2021* des Bernischen Historischen Museums. Dabei ging es unter anderem auch um die Erfahrungen einiger erster Politikerinnen – u.a. auch HANNA SAHLFELD-SINGER, ELISABETH KOPP, GABRIELLE NANCHEN UND ROSMARIE ZAPFL-HELBLING. Die Ausstellung öffnete jedoch erst nach Abgabe meiner Arbeit.

Nun mag man sich fragen, weshalb soll man über die Zeit nach 1971 schreiben? Die Frauen «durften» sich ja jetzt politisch beteiligen! Sie hatten doch erhalten, was sie wollten! Doch war das wirklich der Fall? Was geschah eigentlich nach 1971? Wie fanden Schweizer Frauen in die Politik? Wie wurden sie empfangen? Für welche Anliegen setzten sie sich ein und worin unterschied sich ihr Engagement von jenem der Männer? Trafen sie allenfalls auf Vorurteile, Widerstände und Hindernisse? Diese und weitere Fragen wollte ich durch die Befragung von Zeitzeuginnen in Form von Interviews untersuchen.

Ich las Bücher, Arbeiten, Zeitungen und Zeitschriften, recherchierte im Internet, hörte Audiobeiträge und schaute mir Filme und Filmbeiträge an. Nach einigen Monaten Recherche führte ich die Gespräche mit den Zeitzeuginnen. Anschliessend verknüpfte ich die Informationen, die ich aus meiner Recherche gewonnen hatte mit denen aus den Gesprächen.

Um ein möglichst detailliertes Bild der Vergangenheit zu bekommen, sprach ich mit zehn Frauen, die in den Anfängen nach der Einführung des Frauenstimmrechts in der Politik aktiv waren. So hatte ich Kontakt mit ELISABETH KOPP (FDP), SUSANNE LEUTENEGGER OBERHOLZER (POCH/SP), LILI NABHOLZ (FDP), GABRIELLE NANCHEN (SP), LENI ROBERT-BÄCHTOLD (FDP/ Freie Liste), HANNA SAHLFELD-SINGER (SP), MONIKA STOCKER (GP), MONIKA WEBER (LdU/parteilos), ROSMARIE ZAPFL-HELBLING (CVP) und ELISABETH ZÖLCH (SVP/BDP).[4] Fünf Gespräche fanden in Person statt, drei über das Telefon und zwei per Email. Neben den zwei schriftlich geführten Interviews ist so ein Tonmaterial von dreizehn Stunden zusammengekommen.

Da ich mit «Zeitzeuginnen-Interviews» arbeitete, versuchte ich auch in der Arbeit meine Interviewpartnerinnen selbst erzählen zu lassen. Dabei habe ich mich an der Idee orientiert, meine Gesprächspartnerinnen abwechselnd erzählen zu lassen, als seien sie alle im selben Raum.

Die Erfahrungen, die diese Frauen in der Politik gemacht hatten, können grösstenteils auch auf Branchen übertragen werden, die lange Zeit männerdominiert waren oder noch sind. Daher kann die Arbeit auch als allgemeines Stimmungsbild jener Zeit oder solcher Situationen betrachtet werden.

In der Arbeit spreche ich meist über «Männer» und «Frauen» und nicht über «Politiker» und «Politikerinnen», weil sich meine Arbeit auf eine Geschlechterfrage und nicht auf eine Berufsfrage fokussiert. Auf nichtbinäre Menschen wird hier nicht eingegangen. Ausserdem sind die Verallgemeinerungen «(die) Frauen» und «(die) Männer» mit Vorsicht zu betrachten. Das Individuum geht in diesen Begriffen unter. Somit sind mit «die Männer» nicht allgemein alle Männer, sondern die meistverbreitete Haltung und Handlungsweisen von Angehörigen des männlichen Geschlechts gemeint.

---

4   Anmerkung: Seit dem 1. Januar 2021 haben sich die *BDP* und *CVP* zur *Mitte* zusammengeschlossen, da sich das Vorkommen dieser Parteien in der Arbeit jedoch auf die Vergangenheit bezieht, wird nicht von *der Mitte* die Rede sein.

Wenn von Gesellschaft gesprochen wird, dann geht es um die Schweiz, die vor allem von Einflüssen anderer Mitteleuropäischer Länder, West- und Nordeuropäischen Ländern und der USA geprägt ist – im grösseren Zusammenhang also auch um diese Länder.

Zu Beginn meiner Arbeit (Ziffer 2) stelle ich tabellarisch meine Zeitzeuginnen mit ihrem politischen Lebenslauf kurz vor. Da ein gewisses Vorwissen zum Frauenstimmrecht sinnvoll ist, um die Zeit nach 1971 besser verstehen zu können, geht es in Ziffer 3 um den «Historischen Hintergrund zum Frauenstimmrecht». Jedoch ist das Kapitel auf Fakten beschränkt, die ich beim Einlesen ins Thema als wissenswert oder interessant empfunden habe. Danach (Ziffer 4) gehe ich auf die «Stellung der Frau Mitte des 20. Jahrhunderts» ein, damit besser verstanden werden kann, weshalb man(n) in der Politik so auf Frauen reagierte, wie man(n) reagierte. Anschliessend (Ziffer 5) geht es um die «passiv politische Beteiligung» von Frauen. In den Kapiteln «Erste Frauen in der Schweizer Politik» (Ziffer 6) und «Aktiv Politik machen» (Ziffer 7) erzählen die Zeitzeuginnen, wie sie zur Politik kamen und wie es ihnen in der Anfangszeit erging. Am Schluss meiner Arbeit (Ziffer 8) mache ich einen «Blick auf heute». Dabei zeige ich die Veränderungen in der Politik auf und komme auf einige Problematiken von momentanen gesellschaftlichen Bildern von *Mann* und *Frau* zu sprechen. Auf die Lohn und Care-Arbeit Debatte und die allgemeine Rollenverteilung in der Familie wird dabei nicht eingegangen. Das letzte Unterkapitel basiert auf Gesprächen mit fünfzehn 18- bis 22-jährigen Männern aus meinem nahen Umfeld.

2
ZEITZEUGINNEN[5]

POLITISCHE LEBENSLÄUFE
In alphabetischer Reihenfolge nach Nachnahmen

---

5   Dieses Kapitel beruht im Wesentlichen auf den Wikipedia Artikeln der jeweiligen Personen (genaueres im Quellenverzeichnis) und Ergänzungen durch die persönlichen Gespräche.

Elisabeth Kopp (FDP) geb. 16. Dezember 1936

1957	Eintritt in die Schweizerische Vereinigung der Freisinnig-Demokratischen Frauen (heute FDP-Frauen Schweiz)
1960er/70er	Präsidentin des Zumiker Frauenvereins und Vorstandmitglied der Zürcher Frauenzentrale
1970 – 1984	Gemeinderätin von Zumikon
1972 – 1979	Erziehungsrätin des Kantons Zürich (erste Frau)
1974	Gemeindepräsidentin von Zumikon (erste Gemeindepräsidentin der Deutschschweiz)
1979 – 1984	Nationalrätin
1984	Vizepräsidentin der FDP-Schweiz
1984 – 1989	Bundesrätin (erste Bundesrätin der Schweiz)
1985	«Rütli der Schweizer Frau» Denkmal wird ihr gewidmet
1988	Vizepräsidentin des Bundesrates
2006	Erhält das Offizierskreuz des Verdienstordens der Republik Ungar

Susanne Leutenegger Oberholzer (POCH, SP) geb. 6. März 1948

	Teil der 68er-Bewegung
1980 – 1984	Einwohnerrätin von Allschwil
1980 – 1984	Verfassungsrätin
1983 – 1989	Landrätin von Basel-Landschaft (POCH)
1987 – 1991	Nationalrätin (POCH)
1992	Eintritt in die SP nach Auflösung der POCH
1999 – 2018	Nationalrätin (SP)

Lili Nabholz (FDP) geb. 31. Dezember 1944

1980 – 1988	Präsidentin der Eidgenössischen Kommission für Frauenfragen
1981	«Ausgelaugt bis Zärtlichkeit: Fakten zur Emanzipation von Frau und Mann»
1987 – 2003	Nationalrätin
1997	Auszeichnung mit dem Fischhof-Preis

Gabrielle Nanchen (SP) geb. 31. März 1943

1971 – 1979	Nationalrätin (eine der ersten Nationalrätinnen)
1980	Vizepräsidentin der Eidgenössischen Kommission für Frauenfragen; Präsidentin des Walliser Vereins Femmes-Rencontres-Travail
1981	Herausgabe ihres Buches «Hommes et femmes, le partage»
1990	Herausgabe ihres Buches «Amour et pouvoir: des hommes, des femmes et des valheurs»

Leni Robert-Bächtold (FDP, Freie Liste) geb. 6. März 1936

1968	Eintritt in die FDP
1971 – 1976	Berner Stadträtin
1974 – 1986	Präsidentin nach Gründung des Vereins Bern bleibt grün
1977 – 1986	Grossrätin
1982 – 1986	im Vorstand der Frauenzentrale des Kanton Berns
1983	Austritt aus der FDP aus und Gründung der Freien Liste
1983 – 1986	Nationalrätin (Freie Liste)
1984	Auszeichnung mit dem Preis des Schweizerischen Verbands für Frauenrechte
1986 – 1990	Regierungsrätin (erste Berner Regierungsrätin und erste Grüne Regierungsrätin der Schweiz)
1991 – 1995	Nationalrätin
1991 – 1995	Europarätin

Hanna Sahlfeld-Singer (SP) geb. 17. Oktober 1943

1970	1. August-Rede u.a. über das Frauenstimmrecht
1971 – 1975	Nationalrätin (eine der ersten Nationalrätinnen und erste Frau, die während ihrer Amtszeit Mutter wurde. Sie musste ihre Anstellung bei der Kirche aufgeben, damit sie Nationalrätin werden konnte)

Monika Weber (LdU, parteilos) geb. 18. März 1943

1971 – 1983	Zürcher Kantonsrätin
1978 – 1986	Präsidentin des kf Konsumentenforums Schweiz
1982 – 1987	Nationalrätin
1987 – 1998	Ständerätin des Kanton Zürichs
1992 – 1996	LdU-Präsidentin
1998 – 2006	Stadträtin von Zürich

Monika Stocker (Grüne Partei) geb. 1. Juli 1948

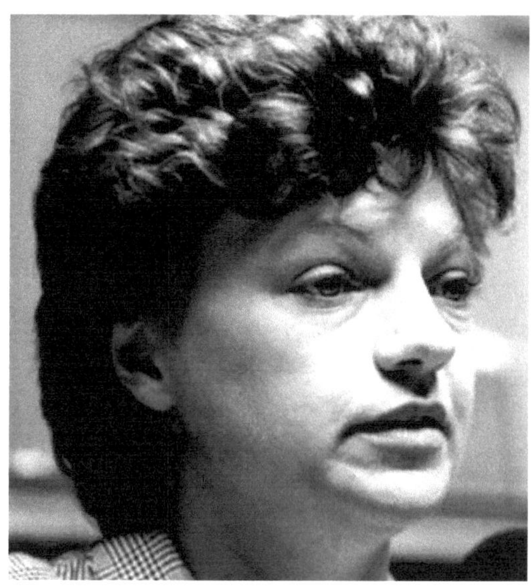

	Teil der 68er-Bewegung
1987 – 1991	Nationalrätin
1991	Initiantin der Frauensession in Bern
1994 – 2008	Stadträtin der Stadt Zürich
2010 – 2017	Präsidentin der cfd (feministische Frauenorganisation)

Rosmarie Zapfl-Helbling (CVP) geb. 1. Juni 1939

1967	Wahl zur Präsidentin des katholischen Frauenvereins
1970	Eintritt in die Frauenbundsbewegung
1974 – 1978	Gemeinderätin von Dübendorf
1978 – 1990	Stadträtin von Dübendorf
1990 – 1994	Kirchenpflegerin von Dübendorf
1995 – 2006	Nationalrätin
1994 – 2001	Vize-Präsidentin der CVP
1999 – 2007	Europarätin
2001 – 2006	Präsidentin Wirtschaftskomm. Europarat
2002	Präsidentin der CVP International
2007 – 2014	Präsidentin der Alliance F

Elisabeth Zölch Bührer (SVP, BDP) geb. 24. April 1951

1977 – 1981	Gemeinderätin von Mühlenthurnen
1987 – 1994	Nationalrätin (SVP)
1994 – 2006	Regierungsrätin des Kanton Berns
1997/98	Regierungspräsidentin
2002/03	Regierungspräsidentin
2008	Eintritt in die BDP, die sie mitgründet hat

3
HISTORISCHER HINTERGRUND ZUM FRAUENSTIMMRECHT

3.1 Aufklärung und Französische Revolution [5]

Die Französische Revolution (1789 - 1799) ist besonders durch die Erklärung der Menschen- und Bürgerrechte der Aufklärung bekannt. Liberté, Egalité, Fraternité – Abschaffung der Leibeigenschaft, gleiche Rechte für alle, soziale Gerechtigkeit.[6] Doch mit «allen» waren nur Männer gemeint. Olympe de Gouges, die als erste «moderne» Kämpferin für das Wahlrecht für Frauen gilt, forderte, dass diese Menschen- und Bürgerrechte auch den Frauen zustehen sollten. 1791 veröffentlichte sie ein Manifest mit zwölf Artikeln namens «*Déclaration des droits de la femme et de la citoyenne*»[7]. Zwei Jahre später wurde sie guillotiniert, denn eine Frau, die für ihre Rechte kämpfte, war damals überhaupt nicht gerne gesehen. Die Französische Revolution gilt allgemein als Beginn der Frauenrechtsbewegung.[8] Somit nahm Frankreich, wie auch in Bezug auf Menschenrechte, eine grosse Vorreiterrolle ein. In der Schweiz dauerte es aber bis 1868, bis erstmals das Frauenstimmrecht verlangt wurde. Der erste Frauenstimmrechtsverein (Frauenstimmrechtsverein Zürich) wurde erst 1893 gegründet.[9]

3.2 Warum die Schweiz so lange brauchte

«Wie kommt es, dass ausgerechnet im Land der Uhren Frauen mit so grosser Verspätung in die Politik eintraten?».[10] Wenn man an die Schweiz denkt, dann kommen einem, neben Bergen, Käse und Schokolade, Uhren und Pünktlichkeit in den Sinn. Doch trotz dieser allgemein bekannten Pünktlichkeit scheint die Schweiz hin und wieder den anderen europäischen Staaten hinterherzuhinken. Besonders bei Gleichstellungsrechten geht es in der Schweiz, im internationalen Vergleich, sehr kriechend voran. Beispielsweise wurde die «Ehe für alle» erst im September 2021 vom Stimmvolk – mit ähnlichen Ja-Stimmen wie das Frauenstimmrecht 1971 – angenommen.

Die Einführung des Frauenstimm- und Wahlrechts wurde in der Schweiz durch eine Volksabstimmung entschieden. Das bedeutet, dass die Mehrheit der stimmberechtigten Schweizer Männer für das Frauenstimmrecht sein musste. In anderen Ländern hingegen haben Parlamente über die Einführung des Frauenwahlrechts entschieden. Was ganz klar eine Erleichterung der Einführung darstellte, weil nur eine, im Vergleich zur Bevölkerung, kleine Gruppe für das Frauenwahlrecht gewonnen werden musste. Es war

---

5   Dieser Abschnitt beruht auf dem Schweizer Geschichtsbuch, Band 2, Vom Absolutismus bis zum Ende des Ersten Weltkrieges, erarbeitet von: Christoph Gross, Christian Heuer, Thomas Notz, Brigit Stadler und Alexandra Bloch-Pfister, 1. Auflage Bern, 2015 Berlin.

6   https://artfritz.ch/webfotos/PDF/Neutralitaet_der_Schweiz.pdf (S.1).

7   Reden in der Öffentlichkeit (S. 11).

8   https://de.wikipedia.org/wiki/Frauenstimmrecht_in_der_Schweiz (21.07.2020).

9   https://www.ch.ch/de/wahlen2019/eidgenossische-wahlen-ein-blick-zuruck/frauenstimmrecht-in-der-schweiz/

10 HERVÉ, FLORENCE / MANTILLERI, BRIGITTE,. SCHWEIZ Frauengeschichten – Frauengesichter.

nicht etwa so, dass die Schweizer Männer frauenfeindlicher als die im Ausland waren. Hätte in anderen Ländern die männliche Bevölkerung ebenso an die Urne gehen müssen, so hätte es wohl kaum anders ausgesehen. Dadurch, dass die Frauen in der Schweiz von den Stimmen der Männer abhängig waren, war der Kampf der Schweizer Frauen auch nicht mit so radikalen Aktionen geprägt, wie in anderen Ländern. Beispielsweise verübten die Suffragetten, also die Frauen, die für das Wahlrecht kämpften, in England Bombenanschläge auf Briefkasten oder schlugen Schaufenster ein. Selbst nach einer Festnahme leisteten einige Widerstand, indem sie in den Hungerstreik traten.[11]

Dass die Schweiz sich zu einer Ausnahme entwickelte, lag auch daran, dass die Schweiz in beiden Weltkriegen vor katastrophalen Kriegsfolgen verschont geblieben war. Demgegenüber musste Europa nach beiden Weltkriegen alles neu aufbauen – nicht nur Gebäude, sondern auch die Gesellschaft. Zudem erschien es einem in diesen Ländern vermutlich auch nicht ganz so abwegig, dass Frauen politisch mitsprechen dürfen, wo sie doch in Kriegszeiten vorübergehend die wirtschaftlichen und gesellschaftlichen Positionen der Männer übernahmen. «Das [Schweizer] Volk, das immer zufrieden mit den Zuständen und der Regierung war und immer verschont blieb, musste nun über eine so gewaltige Neuerung abstimmen.»[12]

Die Angst davor, lächerlich zu wirken oder wegen dieser undemokratischen Eigenheit[13] international verspottet zu werden, führte vermutlich auch dazu, dass man sich langsam dazu besann, diesen Makel ein für alle Mal zu beseitigen.

Ausserdem ist die Schweiz ein föderalistischer Staat. Dies bedeutet im Wesentlichen, dass die Macht zwischen Bund, Kantonen und Gemeinden aufgeteilt ist. Was sinnvoll ist, da sich sonst der Bund, um sämtliche Anliegen sowohl der Bürger*innen als auch der einzelnen Gemeinde kümmern müsste. Was unmöglich ist und zu Lücken führen würde. In der Schweiz übernimmt jede Ebene (Bürger*innen, Gemeinde, Kanton und Bund), was sie zu erledigen vermag. Das wird auch Subsidiaritätsprinzip genannt. Die nächsthöhere Ebene springt erst dann ein, wenn die untere Ebene an ihre Leistungsgrenze stösst. Die stimmberechtigte Bevölkerung kann mit kommunalen, kantonalen und eidgenössischen Urnengängen, das öffentliche Leben mitgestalten. Diese decken von der Renovierung des Schwimmbades (kommunal), zur Gestaltung des Schulwesens (kantonal), bis hin zur Luftverteidigung (eidgenössisch) alles ab. Die Frauen hatten nicht plötzlich 1971 auf all diesen Ebenen ein Mitspracherecht. Über das Frauenstimmrecht wurde eidgenössisch, sowie kantonal und teilweise auch kommunal abgestimmt. Dadurch wurde das Ganze natürlich enorm verlangsamt und die Unterschiede

---

11 Suffragette (Regie: SARAH GAVRON, Drama / Historiefilm. Grossbritannien 2015).

12 Gespräch mit LENI ROBERT-BÄCHTOLD, Muri BE, vom 17.09.2020. Audioaufnahme im
    Besitz der
    Autorin.

13 AMLINGER, FABIENNE; Am Rande des politischen Geschehens – Die ersten eidgenössischen Politikerinnen, S. 101 ff.

schweizweit waren gross. Während die Neuenburgerinnen 1959 «bereits» kantonal abstimmen konnten, «dürfen» dies die Appenzeller Innerrhoderinnen erst seit 1990.

3.3 Stimmrecht in den Kantonen

3.3.1 Kanton Zürich

Im Kanton Zürich wurde 1969 kantonal entschieden, dass die Gemeinden selbst entscheiden dürfen, ob sie das Frauenstimmrecht auf kommunaler Ebene einführen wollen. So kam es, dass 95 Prozent der stimmberechtigten Zürcherinnen (damals: Stimmrechtsalter 20) kommunal abstimmen konnten.[14] Wenn es also um die Renovierung des Schwimmbades der Gemeinde ging, dann durften die Zürcherinnen dieser Gemeinde abstimmen gehen. Wenn aber eine kantonale Vorlage vor das Volk gebracht wurde, bei der es beispielsweise um das Schulwesen ging, dann durften sie sich nicht an der Abstimmung beteiligen, weil diese Sache kantonal geregelt ist. 1970 wurde das Stimm- und Wahlrecht, nach einer erfolgreichen kantonalen Abstimmung, im kantonalen und kommunalen Recht eingeführt. Erneut ein Jahr später, als die eidgenössische Abstimmung erfolgreich ausgefallen war, herrschte in Zürich politische Gleichberechtigung.[15] Am Beispiel des Kantons Zürich kann man sehr schön erkennen, wie die Toleranz der Männer gegenüber der Partizipation von Frauen in der Politik von Jahr zu Jahr grösser wurde.

3.3.2 Kanton Appenzell Innerrhoden

Während sich alle anderen Kantone nach und nach mit dem Gedanken angefreundet hatten, dass auch Frauen Teil der Politik sind oder sein sollten, war das beim Kanton Appenzell Innerrhoden etwas anders. Dabei muss angemerkt werden, dass der Kanton Appenzell Innerrhoden der kleinste Kanton der Schweiz ist. 1990 hatte er ungefähr 13'500[16] Einwohner, also ungefähr so viele wie die Gemeinde Richterswil (Kanton Zürich) heute.

Im Kanton Appenzell Innerrhoden wird heute noch an der Landsgemeinde abgestimmt. Eine Landsgemeinde ist eine Versammlung, bei der die stimmberechtigte Bevölkerung (heute: Stimmrechtsalter 18 und Schweizerpass) durch Handheben abstimmen kann. Die Landsgemeinde im Kanton Appenzell Innerrhoden ist sehr von Tradition geprägt. Um an der Landsgemeinde teilzunehmen, musste man früher das sogenannte Seitengewehr vorweisen. So nennt man einen Degen, der von Generation zu Generation weitergegeben wird. Seit 1991, also nach der Einführung des kantonalen Frauenstimmrechts in Appenzell Innerrhoden, reicht als Teilnahmeberechtigung aber auch

---

14 https://www.zh.ch/de/politik-staat/wahlen-abstimmungen.html?keyword=demokratie#/home (21.07.2020)

15 https://www.zh.ch/de/politik-staat/wahlen-abstimmungen.html?keyword=demokratie#/home (21.07.2020).

16 https://www.google.ch/publicdata/explore?ds=mo4pjipima872_&met_y=population&idim=subregion3:CH054&hl=de&dl=de (29.08.2020).

ein Stimmrechtsausweis.[17] Als Argument gegen das Frauenstimmrecht wurde oft die Landsgemeinde genannt. Denn die Landsgemeinde, die jedes Jahr am letzten April-sonntag stattfindet, besteht nicht bloss aus dem Abstimmen auf dem Landsgemein-deplatz. Am Morgen gibt es einen Festgottesdienst in der Pfarrkirche St. Mauritius und ein Konzert der Musikgesellschaft Harmonie Appenzell vor dem Rathaus. Dann gegen Mittag den Einzug der Regierung und des Kantonsgerichts. Und wenn die Glocke der Pfarrkirche verstummt ist, dann eröffnet der Landammann (= Regierungschef) die Landsgemeinde.[18] Die Traditionalisten befürchteten, dass die Landsgemeinde, diese Ur-Form der Demokratie, durch die Beteiligung der Frauen zerstört werden könnte. «Was ist mit den Degen, mit dem Platz?», fragten sie sich.

Nachdem 1989 in Appenzell Ausserrhoden das Frauenstimmrecht eingeführt war, wandte sich Theresia Rohner, eine Innerrhoderin, an die Standeskommission ihrer Landsgemeinde mit der Bitte, aktiv teilnehmen zu können. Da ihre Bitte nicht erhört wurde, wandte sie sich an das Bundesgericht in Lausanne. Dieses gab die Entschei-dung dem Kanton Appenzell Innerrhoden zurück.[19] So versammelten sich am 28. April 1990 die stimmberechtigten Männer des Kantons Appenzell Innerrhoden mit ihren Degen an der Landsgemeinde und stimmten innerhalb von 28 Sekunden[20] mehrhe-itlich gegen das Frauenstimmrecht. Dies war bereits die dritte Abstimmung, bei der die Innerrhoder Männer gegen das Frauenstimmrecht gestimmt hatten. Die anderen beiden Abstimmungen fanden 1973 und 1982 statt. Seit 1971 hatten die Innerrhoder Frauen zwar das eidgenössische Stimmrecht sowie das fakultative Frauenstimmrecht in Kirch- und Schulgemeinden[21] doch das kantonale Frauenstimmrecht wollten die Innerrhoder Männer ihnen nicht gewähren. Nochmals auf eine weitere Abstimmung zu warten, kam für Theresia Rohner und andere nicht mehr in Frage. Sie machte eine Annonce in der Zeitung und fand hundert in Appenzell Innerroden wohnende Männer und Frauen, die zusammen mit ihr beim Bundesgericht eine Beschwerde einreicht-en. Am 27. November 1990, also gut sieben Monate nach der erfolglosen Abstimmung, hiess das Bundesgericht die staatsrechtlichen Beschwerden gut und stellte fest, dass den Frauen die politischen Rechte im Kanton Appenzell Innerroden (gestützt auf Art. 16 Abs. 1 KV in Verbindung mit den Art. 4 Abs. 2 BV und 6 Abs. 2 BV) zustehen.[22] Die Innerrhoder Frauen erhielten somit ganze 31 Jahre nach der Einführung im ersten Kanton der Schweiz, nämlich dem Kanton Waadt 1959, das Stimmrecht.

---

17   https://www.appenzell.ch/de/kultur-und-braeuche/braeuche-und-traditionen/landsgemeinde.html ((29.08.2020)

18   https://www.appenzell.ch/fileadmin/template_appenzell/user_upload/06_Dokumente/Listen_als_PDF/Landsgemeinde.pdf (29.08.2020).

19   https://de.wikipedia.org/wiki/Theresia_Rohner#cite_note-3 (30.08.2020).

20   https://www.wikiwand.com/de/Theresia_Rohner (21.07.2020).

21   https://www.ai.ch/land-und-leute/geschichte/1990-einfuehrung-des-frauenstimmrechtes (29.08.2020).

22   Bundesgerichtsentscheid (BGE) 116 Ia 359 ff.

3.3.3 Eine zeitliche Übersicht – Einführung des Frauenstimmrechts in den einzelnen Kantonen der Schweiz

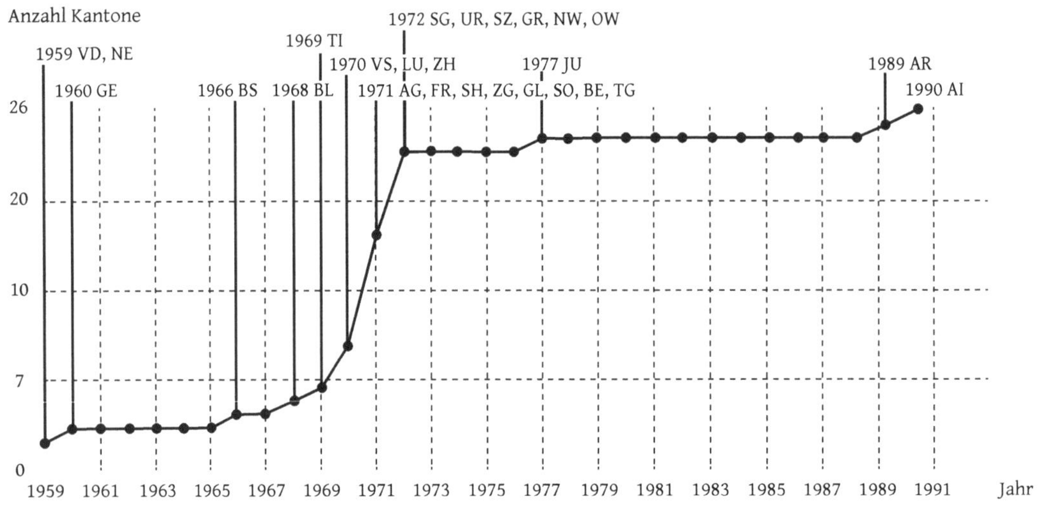

23

3.4 Unterbäch – «Rütli der Schweizer Frau»

In der Gemeinde Unterbäch, die im Kanton Wallis liegt, wurde das kommunale Wahl- und Stimmrecht für Frauen als erstes eingeführt. Am 3. März 1957 fand eine eidgenössische Abstimmung zur «Einführung der obligatorischen Schutzdienstpflicht (= Zivilschutz) weiblicher Personen» statt. Für viele Frauen war klar: Kein Zivilschutz ohne politische Gleichberechtigung. Über eine Vorlage, die nur Frauen betraf, sollten also nur Männer abstimmen? Der Gemeindepräsident ZENHÄUSERN war anderer Meinung. Daraufhin schrieben sich etliche Frauen von Unterbäch ins Stimmregister ein. So kam es dazu, dass 1957 die erste Abstimmung in der Schweiz stattfand, an der auch Frauen teilnahmen. Aus diesem Grund ist Unterbäch auch als «Rütli der Schweizer Frau» bekannt. An jenem 3. März wurden die Frauen auf ihrem Weg zum Wahllokal von Tambouren- und Trommelschlägen begleitet. Die Trommelschläge waren jedoch nicht zur Willkommenheissung der Frauen gedacht, sondern kamen von Gegnern des Frauenstimmrechts, denen diese Wahlbeteiligung der Frauen *zünftig* gegen den Strich ging. Sie hörten mit dem Hämmern erst auf, als die Frauen ins Wahllokal verschwunden waren. Einige Frauen gingen dadurch nicht an die Urne. Die öffentliche Blossstellung war ihnen zu gross. Wenn nur schon diese politische Beteiligung am Urnengang auf so viel Widerstand stiess, dann kann man es sich gar nicht vorstellen, wie das bei einer Beteiligung als aktive Politikerin aussehen mochte. Wenn man bereits auf dem Weg

---

23   Daten aus: https://www.blick.ch/storytelling/2017/frauen/index.html (12.09.2020; 17:10)

zur Urne so abwertend behandelt wurde, wie fand man dann die Kraft, sich zu einer Wahl aufstellen zu lassen, wo man noch mehr in der Schusslinie stand?

Die Stimmen der Frauen wurden nicht in dieselbe Urne gelegt wie die der Männer, weil ihre Stimmen rechtlich gesehen keine Gültigkeit hatten,[24] da es sich um eine eidgenössische Abstimmung handelte. Nichtsdestotrotz war dies ein entscheidender Moment in der Geschichte der politischen Gleichberechtigung von Mann und Frau. Erst 13 Jahre später 1970 wurde im Kanton Wallis das kantonale Stimm- und Wahlrecht eingeführt. Bis zur Einführung des eidgenössischen Stimm- und Wahlrechtsrechts (1971) verging ein weiteres Jahr.

3.5 Eidgenössische Abstimmungen [25]

Wie vor den meisten Abstimmungen wurde im Vornherein gross Werbung für, aber auch gegen das Frauenstimmrecht gemacht. Plakate wurden aufgehängt. Vorträge wurden gehalten. Am 1. Februar 1959, also ungefähr zwei Jahre nachdem Unterbäch das Stimm- und Wahlrecht für Frauen auf kommunaler Ebene eingeführt hatte, fand die erste eidgenössische Abstimmung zum Frauenstimmrecht statt.

Gut zwei Drittel (66.9 %) der stimmberechtigten Schweizer Männer stimmten «Nein»[26]. Für die Gegner*innen war die Abstimmung 1959 ein Erfolg, für die Befürworter*innen eine bittere Enttäuschung. Für ROSMARIE ZAPFL-HELBLING war es letzteres: «Diese Männer können doch nicht einfach 'Nein' sagen, dachte ich mir. Wir wohnten in Zürich. Am Paradeplatz gab es diese Leuchtschrift vom Tages-Anzeiger oben am Sprüngli-Café, da wurden die Ergebnisse angezeigt. Ich hatte so eine Wut – ich musste weinen, so wütend war ich über das negative Resultat.»

Bis zur nächsten eidgenössischen Abstimmung hatten die Kantone Waadt, Neuenburg, Genf, Basel-Stadt, Basel-Landschaft, Tessin, Wallis, Luzern und Zürich das Frauenstimmrecht auf kommunaler und zum Teil kantonaler Ebene eingeführt. Es wurden neue Plakate gedruckt, man ging auf die Strassen, Vorträge wurden gehalten, im Privaten wurde diskutiert. Für manche war es klar, dass das Frauenstimmrecht trotz des negativen Abstimmungsergebnisses von 1959 kommen wird. «Das ist irgendwie in der Luft gelegen», meint MONIKA WEBER, «man wartete darauf. Kämpfen musste man aber natürlich trotzdem.»

Für das Frauenstimmrecht war der gesellschaftliche Transformprozess der 1960er Jahre von grosser Wichtigkeit. Die 60er Jahre waren die Zeit der Studierendenbe-

---

24 Wenn Männer für Frauen Motzen. Eine Walliser Saga. (Regie: MAY B. BRODA, Dokumentarfilm. Schweiz 1996).

25 Dieses Unterkapitel beruht auf den Gesprächen mit ROSMARIE ZAPFL-HELBLING, MONIKA WEBER und LILI NABHOLZ.

26 https://www.bk.admin.ch/ch/d/pore/va/19590201/index.html.

wegungen, der Vietnamkriegs-Proteste und der Forderung nach Selbstbestimmung der Frauen. «Wir Frauen waren [in der 68er-Bewegung] eigentlich gleichberechtigt – wenigstens dachten wir das. Mit der Zeit merkte man aber, dass da immer noch etwas nicht ganz stimmte. Am Schluss räumten die Frauen das Geschirr weg. Politisch hatten wir aber die gleiche Stimme in den Bewegungsaktivitäten», erzählt MONIKA STOCKER.

Bei der nächsten eidgenössischen Abstimmung, also am 7. Februar 1971, fiel das Wahlergebnis ziemlich genau umgekehrt aus. So stimmten dieses Mal ungefähr zwei Drittel (65.7 %) «Ja».[27] Somit wurde in der Schweiz 1971, sagenhafte fünfundsechzig Jahre nachdem das Parlament in Finnland (im Jahre 1906), als erstes Land Europas, das Frauenwahlrecht proklamiert hatte, das Frauenstimmrecht angenommen. In Neuseeland, als erstem Land der Welt, konnten Frauen bereits 1893, also achtundsiebzig Jahre vor der Schweiz Stimmen gehen; allerdings dürfen sich in Neuseeland Frauen erst seit 1919 zur Wahl stellen.[28] Frauen, die gegen das Frauenstimmrecht waren, fanden, dass dies ein unglaublich trauriger Tag sei. Die Frauen seien nun keine Frauen, keine Mütter und schon gar keine richtigen Ehefrauen mehr.

3.6 Gegner*innen des Stimmrechts – Die umgekehrten Suffragetten [29]

ROSMARIE ZAPFL-HELBLING erzählt: «Ich wurde 1967 Präsidentin des Katholischen Frauenvereins. Ich sprach mit den Frauen über das [Stimmrecht] und musste mit Schrecken feststellen, dass die gar kein Frauenstimmrecht wollten. Die Kirche war enorm dagegen. Um die Jahrhundertwende, [...] gründete die Bischofskonferenz den Katholischen Frauenbund gegen die anderen Verbände, die sich damals bereits für ein Frauenstimmrecht einsetzten. Die Stimmung bei den Frauen war: "Mit Politik wollen wir nichts zu tun haben, [aber] wir kommen dir gerne Kuchen backen und Kaffee kochen."»

Es war nicht so, dass alle Frauen für das Frauenstimmrecht waren und alle Männer dagegen. Es gab ebenso vehemente Gegnerinnen wie Befürworterinnen. Die Frauen waren in dieser Hinsicht gar nicht so anders als die Männer. Nun mag man sich aber fragen, weshalb jemand sich gegen ein Recht wehrt, das einem eigentlich zustehen sollte. Eine richtige Antwort auf diese Frage lässt sich nicht finden.

Ein Teil der Frauen realisierte möglicherweise nicht einmal, dass es sich um eine Diskriminierung handelte. Dies erzählt auch ROSMARIE ZAPFL-HELBLING. «Ganz viele Frauen, vor allem diejenigen, welche dagegen waren, merkten ganz lange nicht, dass sie keine Rechte hatten. Ich habe einmal in der Frauenzentrale Bern einen Vortrag [über das

---

27   https://www.bk.admin.ch/ch/d/pore/va/19710207/index.html.

28   UN WOMEN. United Nations Entity for Gender Equality and the Empowerment of Women. 2011-2012 Progress of the World's Women. In pursuit of Justice (S. 122).

29   Dieses Unterkapitel beruht auf den Gesprächen mit Rosmarie ZAPFL-HELBLING, LENI ROBERT und MONIKA STOCKER.

Frauenstimmrecht] gehalten. Die haben ein Mittagessen mit den älteren Mitgliedern gemacht, das waren 50 bis 60 ältere Damen. [Da unterbrach mich plötzlich eine:] "Also halt Frau Zapfl, Stopp! Das stimmt alles nicht. Wir haben immer selbst über unser Geld entscheiden können, bei uns musste der Mann nie etwas unterschreiben." Die waren aber noch älter als ich. Die merkten das nicht.»

Rosmarie Zapfl-Helbling fand es an sich schon beinahe ein Wunder, dass das Frauenstimmrecht 1971 eingeführt wurde, schliesslich sei die Werbung gegen das Frauenstimmrecht enorm gewesen. «Die Frau gehört ins Haus», «Es gibt nichts mehr zu Mittag am Sonntag und den Sonntagsbraten schon gar nicht mehr, wenn Frauen abstimmen gehen», «Die haben am Sonntagmorgen nach der Kirche heimzugehen und nicht ins Stimmlokal» und «Die armen Kinder verwahrlosen und werden Schlüsselkinder, wenn Frauen politisieren». Solche und ähnliche Aussagen machten vor der Abstimmung von 1971 die Runde. An den Plakatwänden waren verwahrloste Kinder zu sehen, Teppichklopfer, und Frauen, die von ihren Kindern weggezerrt werden. Es war, als sagte man einen apokalyptischen Untergang des Familienlebens voraus, wenn die Frau viermal im Jahr an einem Sonntag kurz an die Urne geht. Die briefliche Abstimmung gab es damals noch nicht, ob diese die Gemüter damals etwas beruhigt hätte? Aus diesen diffusen Ängsten merkt man aber, dass sich das Leben der meisten Frauen damals auf das Häusliche beschränkte und dass die Männer so gut wie keinen Beitrag zur Führung des Haushaltes und der Erziehung der Kinder leisteten. Es herrschte eine sehr starke Vorstellung davon, was das *Frau-* und *Mann-Sein* bedeutete. Das Private wurde der Frau zugeschrieben, das Öffentliche dem Mann.

Die Entwicklung in der Nachkriegszeit war nicht allen ganz geheuer. Rosmarie Köppel-Küng war eine davon. Ihr Engagement im Bund gegen das Frauenstimmrecht entstand aus einer Abwehrhaltung gegenüber der Emanzipationsbewegung der Nachkriegszeit. «Eine Frau muss für mich weiblich und gepflegt sein, was sich von vielen politisierten Feministinnen nicht sagen lässt. Zudem soll die Familie im Zentrum stehen»[30], sagte sie 2011 in einem Interview der 20 Minuten-Onlinezeitung. Ihre Aussage mag einem etwas an das Plakat erinnern, dass 1920 in den Kantonen Basel-Stadt und Zürich im Abstimmungskampf eingesetzt wurde. Neben der bereits erwähnten Reduzierung der weiblichen Identität auf die Mutterschaft wird hier (siehe Abbildung) die Schönheit der Frau als einer ihrer wichtigsten Aspekte dargestellt. Als wäre sie ohne ihre «weibliche Schönheit» keine richtige Frau mehr. Schönheit, Lieblichkeit, Geborgenheit oder Fürsorglich-

Abb 1: Plakat Abstimmungskampf 1920 von Otto Baumberger

---

30 https://www.20min.ch/story/kaempferinnen-gegen-ihr-eigenes-recht-796164011529 (04.10.2020).

keit - Begriffe, die man sonst gerne mit Frauen in Verbindung brachte - erscheinen diesem Plakat wie Fremdwörter. Äusserst skurril erscheint einem, dass davon ausgegangen werden muss, dass diese Leute tatsächlich dachten, dass eine Frau ihre «Weiblichkeit» verliert, wenn sie politisch aktiv ist und sich somit in einem als männlich verstandenen Tätigkeitsbereich aufhält. Weiblichkeit scheint also ein gar instabiles Konstrukt aus Schönheit und Mutterschaft zu sein – wenn man den Gegner*innen glauben mag.

Auf ihr eigenes Mitspracherecht zu verzichten, um Frauen, die nicht ihren Idealen entsprachen, nicht an der Macht sehen zu müssen, nahm ROSMARIE KÖPPEL-KÜNG bereitwillig in Kauf. Nach der Einführung des Stimm- und Wahlrechts für Frauen, löste sich der Bund der Schweizerinnen gegen das Frauenstimmrecht in weniger als zwei Monaten auf, schliesslich gab es keinen Grund mehr für dessen Bestand. Die ehemaligen Mitglieder gingen aber nichtsdestotrotz an die Urne. ROSMARIE KÖPPEL-KÜNG sagt, dass es ihr bewusst sei, dass das Ganze ziemlich widersprüchlich klinge, aber sie seien schliesslich alle sehr politisch interessiert gewesen. Ihr ehemaliges Engagement bereue sie nicht, fährt sie fort, jedoch hätte sie wohl eher für die Werte, die sie vertrat, kämpfen müssen anstatt gegen das Stimmrecht an sich.[31] In einem Artikel desselben Jahres, der in der NZZ publiziert wurde, berichtet sie, dass man im Bund der Meinung gewesen sei, dass Frauen bereits genug durch familiäre und gemeinnützige Aufgaben belastet seien. Ausserdem hätten die politischen Rechte gegen die ernsthaften Probleme wie Gewalt in der Ehe oder Ausbeutung am Arbeitsplatz nicht geholfen.[32] Das stimmt aber nicht, denn durch die politischen Rechte hatten Frauen erstmals ein Instrument in der Hand, um diese Dinge anzupacken. Stimmrecht bedeutet Macht. Die Macht, Dinge zu verändern, und Schuldige zur Rechenschaft zu ziehen. Ohne Frauenstimmrecht wäre Vergewaltigung in der Ehe wohl nach wie vor keine Straftat. Ebenso wirft ihre Aussage, dass sie und die anderen Frauen im Bund damals moderne Frauen gewesen seien, die sich nicht auf Heim und Herd reduzieren liessen, Fragen auf, weil sie diese Reduzierung doch zu proklamieren schienen.

Der Bund der Schweizerinnen gegen das Frauenstimmrecht war nicht der einzige ausschliesslich weibliche Verband, der sich gegen das Frauenstimmrecht engagierte. Es gab beispielsweise auch den Bund der Luzernerinnen gegen das Frauenstimmrecht, der sich, wie aus dem Namen entnommen werden kann, nicht auf eidgenössischer, sondern auf kantonaler Ebene engagierte. Schon der Aufbau dieser Verbände zeigt, dass diese Frauen mehr von Politik verstanden und ein grösseres Interesse hegten, als sie zugaben. Mit einem Infoschreiben und einem Zettel zur Beitrittserklärung, suchte der Bund der Luzernerinnen gegen das Frauenstimmrecht 1959, nachdem das Frauenstimmrecht zum ersten Mal verworfen worden war, nach Mitgliedern. Darin steht, dass man nun versuchen werde «von unten» – also auf kommunalem und kantonalen Weg – an das Stimmrecht zu gelangen. Um die Luzernerinnen vor der «Verpolitisierung» zu bewahren, hätten sie sich nun zu einem überparteilichen und überkonfessionellen Bund der Luzernerinnen gegen das Frauenstimmrecht zusammengeschlossen. Auf einem Flugblatt nennen sie die Frau «Hüterin

---

31 https://www.20min.ch/story/kaempferinnen-gegen-ihr-eigenes-recht-796164011529 (04.10.2020).

32 https://www.nzz.ch/gegnerinnen_der_gleichberechtigung-1.9371693 (04.10.2020).

der Familie» und «willkommene Mitarbeiterin des Mannes in der Erziehung und Fürsorge». Vor politischem Handeln, «an denen sie ihrem Wesen nach kein Interesse haben kann», würden sie die Frau aber trotzdem bewahren wollen.[33] Die Reduzierung der Frau auf die häusliche Sphäre sind aus diesen Formulierungen erneut ersichtlich.

«Die Frau gehört ins Haus, sie soll Mutter sein und fertig», war eine Ansicht, die viele Männer sowie Frauen vertraten. Man(n) nahm an, dass Frauen zu schwach und zu empfindsam für Geschäft und Politik seien. LENI ROBERT erzählt, dass Männer den Frauen lange eingeredet hatten, dass Politik ein Drecksgeschäft sei oder etwas für «Mannsweiber», die nichts anderes zu tun hätten und keinen Mann fänden. Das sei übrigens immer ein Argument gewesen, wenn eine Frau in der Politik war, dass sie eben ein frustriertes Wesen sei, meint LENI ROBERT. Eine Doppelmoral. Eine Frau ohne Mann muss also frustriert sein, weil sich ihr ganzes Dasein nur um das Ehefrau- und Muttersein dreht. Ein Mann hingegen, dessen Erfüllung in dessen Selbstverwirklichung steht, braucht nicht zwingend eine Frau. Niemand tuschelt, wenn ein Mann keine Beziehung hat. Niemand fragt ihn, ob er nicht bald Kinder bekommen möchte. Niemand bezeichnet ihn als frustriert.

Andere empfanden politische Rechte für Frauen als überflüssig, dass es auch nicht besser käme, wenn Frauen abstimmen könnten und dass Frauen sowieso gleich wie ihre Ehemänner stimmen würden. Einerseits ging es nie darum, dass Frauen es besser könnten als Männer, sondern um eine grundsätzliche Frage der Gerechtigkeit. Andererseits stimmen Ehefrauen nicht zwingender Weise wie ihre Ehemänner. Es gab aber auch Leute, die befürchteten, dass Frauen eben anders als ihre Ehemänner stimmen werden. Linke Kreise hatten Angst, dass Frauen bürgerlich wählen würden und bürgerliche Kreise fürchteten sich vor einem Linksrutsch.

Häufig gehörte und gemachte Aussagen lauteten wie folgt: «Die meisten Frauen wollen das gar nicht», «Ich will das nicht» oder «Meine Frau möchte das nicht.» Eine sehr egoistische Ansicht: Wenn man etwas selbst nicht will oder braucht, sollte es niemandem sonst zustehen. Dies konnte auch später bei der Debatte um die Mutterschaftsversicherung beobachtet werden. Nicht einmal alle Schweizer Männer gingen damals abstimmen, weshalb machte man dann so, als würden plötzlich alle Frauen dazu gezwungen werden? Natürlich sind mit Rechten auch Pflichten verbunden, die wahrgenommen werden müssen. Eine Wahl hat man aber trotzdem. Das schien einer Gegnerin des Frauenstimmrechts, die einen Leser*innenbrief in der Thurgauer Zeitung schrieb, nicht bewusst zu sein. Ihr Brief wurde in der Ausgabe des 28. Januars 1971 abgedruckt, also etwas mehr als eine Woche vor der zweiten eidgenössischen Abstimmung. Sie schreibt von der «pflichtbewussten, überlasteten Schweizerin», der man nun noch eine weitere Last aufbinden wolle. Vielleicht sah sie die Schweizer Frauen als solch pflichtbewusste Wesen, dass diese unmöglich die Pflichten, die das Recht mit sich brachte, ablehnen konnten. In ihrem Leser*innenbrief geht sie so weit, dass sie meint, sie fühle sich vergewaltigt.[34] Sie sagt, sie fühle sich vergewaltigt, wenn man

---

33 https://www.zentralplus.ch/als-die-frau-die-willkommene-mitarbeiterin-des-mannes-war-1900805/ (04.10.2020).

34 https://www.tagblatt.ch/ostschweiz/frauenfeld-munchwilen/klares-nein-aus-dem-thurgau-ld.799325 (05.10.2020).

über ihren Kopf hinweg entscheiden würde, dass das Frauenstimm- und Wahlrecht einge-führt wird. Dabei wurden seit ihrer Geburt über ihren Kopf hinweg Entscheidungen gefällt.

In den Zeitungen wurden auch Inserate der folgenden Art abgedruckt:

<table>
<tr><td>

KERNSER!

Wir Frauen von Kerns sind mit grosser Mehrheit gegen das Frauenstimmrecht. Wollt ihr uns etwas aufzwingen, das wir gar nicht wünschen?

Männer
  seid **Männer**

Und stimmt ***gegen*** das Frauenstimmrecht

</td><td>

Kerns, dass im Kanton Obwalden liegt, war die letzte Innerschweizer Gemeinde ohne kommunales Frauenstimmrecht. Die Gegner*innen scheuten die Öffentlichkeit. Vor den beiden Abstimmungen warben sie mit anonymen Flugblättern und Inseraten (wie nebenstehend).[35]

</td></tr>
</table>

3.7 Befürworter*innen [36]

LILI NABHOLZ lebte als Mädchen in einem Dreigenerationenhaus in Solothurn. Ihre Grossmutter war Gewerbefrau und hatte sich schon in den 50er Jahren für das Frauenstimmrecht engagiert. Doch in der Kleinstadt Solothurn herrschte damals ein eher konservativer Geist. Nur wenige durften wissen, dass ihre Grossmutter für das Frauenstimmrecht war, da diese sonst schlecht dagestanden wäre, erzählt LILI NABHOLZ. Der Begriff Frauenrechtlerin war nämlich sehr negativ besetzt. Die Kassiererin ging sogar immer persönlich zu LILI NABHOLZ' Grossmutter nachhause, um den Jahresbeitrag von fünf Franken abzuholen.

Ob man seine Ansichten zum Frauenstimmrecht verstecken oder laut verkünden konnte, hängte auch mit dem Umfeld zusammen, in welchem man sich befand. Dies ist bei Ansichten anderer Art auch nicht anders. Die Begriffe *Frauenrechtlerin* und *Frauenrechtler* werden heute meist durch die Begriffe *Feministin und Feminist* ersetzt, die in manchen Kreisen ebenfalls sehr negativ behaftet sind. Manche Männer fühlten und fühlen sich von diesen Begriffen angegriffen, weil er für sie der Inbegriff von Männerhass ist. Dabei verwechseln sie *Feminismus* mit *Misandrie*. Feminist*innen setzen sich für die Gleichberechtigung aller Geschlechter ein. Misandrie hingegen steht für Männerhass. Die Befürworterinnen des Frauenstimmrechts stellten den Mann nicht als ein gewalttätiges, unmoralisches und sexuell unersättliches Wesen dar, wie Misandrist*innen es tun.[37]

Personen, die mit jeder Zelle ihres Körpers Misandrist*innen oder Misogynst*innen

---

35 Frauenstimmrecht in Kerns. 1975. SRF.

36 Dieses Unterkapitel beruht auf den Gesprächen mit LILI NABHOLZ, ELISABETH KOPP, HANNA SAHL-FELD-SINGER, ELISABETH ZÖLCH und LENI ROBERT.

37 https://de.wikipedia.org/wiki/Misandrie (05.10.2020).

sind, sind selten. Es sind mehr einzelne Fasern. Wir alle haben manchmal etwas frauen-
oder männerfeindliche Gedanken. Da spricht man auch von *internalisiertem Frauenhass*
oder *internalisiertem Männerhass* (*internalisierte Homophobie* und *internalisierter Rassismus*
existieren ebenfalls). Beispielsweise werden Frauen, die in kurzer Zeit mehr als eine(n)
Sexualpartner*in haben schnell als *Huren* betitelt. Wenn eine Frau etwas gereizt ist,
dann wird gerade gefragt, ob sie ihre Periode hat. Oder wenn einem Knaben gesagt
wird, dass er *«wie ein Mädchen» rennt*, dann wird dies abwertend gemeint Während wenn
einem Mädchen gesagt wird, dass es wie ein Knabe Fussball spielt, dies als Kompliment
betrachtet wird. Und für Misandrie: Wenn ein Mann auf einer Bank eines Kinderspiel-
platzes sitzt, dann wird er mit einem gewissen Unbehagen beäugt.

Viele dachten, dass man eine «spezielle» Frau sein musste, um sich für Gleichberechtigung zu engagieren. Als ELISABETH KOPP 1959 in ihren Schlussexamen des Studiums der
Rechtswissenschaften war, sprach sie in einer Pause mit einer kleinen Gruppe über die
kommende Abstimmung des Frauenstimmrechts. Sie selbst setzte sich vehement dafür
ein. Da sagte einer zu ihr: «Weisst du Elisabeth, ich kann überhaupt nicht begreifen,
dass du dich so für das Frauenstimmrecht einsetzt. Du bist doch sonst eine ganz normale Frau.» «Ja und genau WEIL ich eine ganz normale Frau bin, finde ich das nicht in
Ordnung, dass wir anders behandelt werden.», erwiderte sie. Dass man es Frauen nicht
ansehen konnte, ob sie sich für Gleichberechtigung einsetzten und dass diese Frauen
keinerlei Männerhasserinnen sind, schien einigen nicht in den Kopf zu gehen. Zu lange
hatte das Bild des sog. *Mannweibs* herumgegeistert.

HANNA SAHLFELD-SINGER, die man vermutlich ebenfalls als *normale Frau* bezeichnet hätte,
hielt am 1. August 1970, also am Nationalfeiertag der Schweiz, eine Rede. Damals sei es
Brauch gewesen, dass sich die Konfessionen mit der Rede zum 1. August abwechselten.
Als die Reformierten wieder an der Reihe waren, sei schnell klar gewesen, dass sie
als Schweizerin die Rede halten würde. Sie war Pfarrerin, ihr Mann ebenfalls Pfarrer,
aber Deutscher. Man kannte sie bereits von den Sonntagspredigten in der Kirche. Für
sie sei es klar gewesen, dass eine Rede am 1. August etwas anderes sei. In dieser Rede
warb sie für das Frauenstimmrecht auf politischer Ebene. Sie wies darauf hin, dass sie
in der Kirche gute Erfahrungen mit den Frauen in den Behörden gemacht hatten und
dass deswegen auch keine Kinder in den Familien zu kurz kämen. HANNA SAHLFELD-SINGER
nahm also die Argumente der Gegner*innen auf und widerlegte sie. Sie meint, dass
man es von ihr erwartet habe, dass sie sich zum Frauenstimmrecht äussert. Dass sie
in ihrer Rede einen Zivildienst für Militärverweigerer gefordert hatte, erwartete man
jedoch eher weniger.

Es gab aber auch Reden, die sich nur auf das Frauenstimmrecht beschränkten. 1971,
im Jahr als die zweite Abstimmung zum eidgenössischen Frauenstimmrecht stattfand,
war ELISABETH KOPP praktisch jeden Abend für Vorträge unterwegs. Sie war eine der
wenigen Frauen, die bereits eine gewisse politische Erfahrung hatte. Ein Jahr zuvor
wurde sie nämlich als erste Frau in den Gemeinderat von Zumikon gewählt. Eines Tages, als sie einen Vortrag hielt, wurde sie von einem Mann gefragt, was er denn zu Hause

machen solle, wenn seine Frau immer an Sitzungen wäre. Daraufhin sagte sie, er solle seine Frau fragen, was sie denn so mache, wenn er ständig an Sitzungen ist. Dieser warf ein, dass das etwas ganz anderes sei. Er solle ihr doch den Unterschied erklären, erwiderte sie. Diejenigen, die gelacht hätten, seien auf ihrer Seite gewesen, die etwas verärgerten auf seiner. Man habe es ihnen angesehen, erinnert sich ELISABETH KOPP. Es ist ersichtlich, dass für Männer und Frauen eine gewisse Doppelmoral galt. Wenn eine Frau nicht zuhause war, war das aus gesellschaftlicher Sicht desaströs, wenn ein Mann nicht zuhause war, normal.

Wie diese Reden genau aussahen, kam auch immer auf die Referentin (oder den Referenten) an. LILI NABHOLZ war Rechtsberaterin bei der unentgeltlichen Rechtsberatung für Frauen des *Evangelischen Frauenbunds Zürich*. Sie referierte quer durch den Kanton Zürich an sogenannten Frauen- und Mütterabenden über die rechtliche Situation der Frauen und was Frauen alles bewirken könnten, wenn sie in der Politik wären. Somit könne man die gesetzlichen Benachteiligungen anpacken.

Die Gegner*innen und Befürworter*innen hielten Reden und Vorträge und schrieben zahlreiche Leser*innenbriefe. Dies tat auch ELISABETH ZÖLCH. Wenn sie heute auf diese Zeit zurückschaut, denkt sie, dass man damals viel zu wenig gesagt habe, dass man das Frauenstimmrecht wirklich wollte. Sie seien damals noch zu wenig politisiert gewesen, schliesslich musste man zuerst in diese Realisierungsphase kommen. Wenn man so aufwächst, dass Politik Männersache ist, weil es ja so ist, man aber merkt, dass es nicht so sein sollte, braucht es seine Zeit, bis die Gesellschaft das auch realisiert und eine Änderung in Gang gebracht werden kann.

Eine Form, um das Interesse am Frauenstimmrecht zu zeigen, waren (Demonstations-) Umzüge. Der wohl bekannteste war der *Marsch auf Bern* am 1. März 1969, der aus rund fünftausend Frauen und Männern bestand. EMILIE LIEBERHERR, die Präsidentin des Aktionskomitees für den *Marsch auf Bern*, die später die erste Stadträtin von Zürich wurde, sprach auf der aufgebauten Bühne vor dem Bundesplatz ins Mikrofon, dass sie hier nicht als Bittende, sondern als Fordernde ständen. Sie forderten das Stimm- und Wahlrecht für Frauen auf eidgenössischer und kantonaler Ebene. Das Stimmrecht wurde zwar noch nicht erreicht, Aufmerksamkeit wurde durch den *Marsch auf Bern* aber allemal geschaffen. So berichteten unzählige Zeitungen über diesen Tag. Die Demonstrierenden erreichten aber, dass der Bundesrat noch im selben Jahr eine Vorlage für das Frauenstimmrecht in die Räte brachte und dass sich das Parlament gegen die Unterzeichnung der EMRK (= Europäische Menschenrechtskonvention) mit dem Vorbehalt aussprach.[38]

---

38 https://www.nzz.ch/schweiz/bildstrecke/frauenstimmrecht-der-marsch-auf-bern-vor-fuenfzig-jahren-ld.1461795 (05.10.2020; 13:15).

LENI ROBERT, die damals die Radiosendung *Für die Schweizer im Ausland* machte, berichtete über den *Marsch auf Bern,* um den Schweizer*innen im Ausland zu zeigen, dass «nicht sämtliche Schweizer*innen hinter dem Mond lebten.»[39] Allgemein hätten sich viele Leute einfach an dieser Stelle für das Frauenstimmrecht eingesetzt, an der sie waren, erzählt sie.

---

39 Gespräch mit LENI ROBERT-BÄCHTOLD, Muri BE, vom 17.09.2020. Audioaufnahme im Besitz der Autorin.

4
STELLUNG DER FRAU IN DER SCHWEIZ MITTE DES 20. JAHRHUNDERTS

4.1 Schulbildung [40]

Wenn heute über die Notwendigkeit von Schulbildung für Mädchen gesprochen wird, denkt man oft an Länder wie Niger, Burkina Faso oder Indien. Man denkt an Orte, an denen Eltern lieber in die Schulbindung ihres Sohnes als in die ihrer Tochter investieren. Orte, an denen Mädchen im Haushalt helfen und früh heiraten. Man denkt einfach an Länder mit patriachalischen Strukturen und traditionellem Rollenverhalten. In der Schweiz war dies aber lange Zeit nicht anders.

Leni Robert erzählt, dass man als Kind oft *etwas Klügeres* zu tun gehabt habe, als in die Schule zu gehen. Die Bauernkinder hätten beim Heuen oder Herdäpfel-Ernten geholfen. Sie sei mit ihrem Vater auf die Baustelle. Ausserdem hätten sie in Bern nur vier Jahre Primarschule gehabt. Für einen Kanton mit ausgedehnten Land- und Berggebieten sei dies verheerend gewesen. Am Schluss seien dann fast nur Stadtkinder in die Sekundarschule oder ins Progymnasium gekommen. Sie auf dem Land hatte die Sekundarschule gemacht. Die Kinder hatten zum Teil einen Schulweg von eineinhalb Stunden. «Man liess die Jungen bereits nicht gerne gehen, die Mädchen noch viel weniger. "Die brauchen nicht in die Sek zu gehen", dachte man sich. Sie machten dann einfach die Primarschule an ihrem Ort. Das gab ein wahnsinniges Ungleichgewicht. In Muri gingen beinahe alle von der Primar in die Sek, im Oberland traten vielleicht sieben Prozent über. Was das später für das Leben und die Ausbildung heisst, wenn die auf dem Land nur die Primarschule gemacht haben, kann man sich ausmalen. Aber es war einfach so», erklärt Leni Robert. Die Chancengleichheit zwischen Stadt und Land sei sehr wichtig, erzählt sie. Mit der Initiative *Für einen späteren Übertritt* gelang es ihr, dass Bern auf sechs Primarschuljahre wechselte.

Neben dem, dass man die Schulbildung als nicht so wichtig betrachte, wie man es heute tut, war der Unterricht für Mädchen nicht ganz gleich wie der für Jungen. Die Fächer, die als männlich galten, wurden für Mädchen durch «weiblichere» ersetzt. Viele dieser Stunden wurden für Handarbeit eingesetzt. Damit Mädchen beispielsweise Nähen lernten. Darüber hinaus lernten sie weitere Dinge, die bei der Führung eines Haushaltes nützlich waren.[41] Die Schule bereitete Mädchen auf ihre Rolle als Ehefrau, Hausfrau und Mutter vor. Die Schweizer Frauenbewegung der 1970er Jahre thematisierte die Diskriminierung der Frauen in der Schul- und Berufsbildung. Ende der 70er Jahre hatten Mädchen wegen des Handarbeits- und Hauswirtschaftsunterrichts durchschnittlich zweihundert Schulstunden mehr als Knaben, obwohl sie einen Zehntel weniger Stunden in Mathematik und naturwissenschaftlichen Fächern hatten.[42] Zudem war der Staatskundeunterricht an einigen Schulen nur für Knaben, da Frauen kein Stimmrecht hatten und man den Mädchen nicht mehr und nicht weniger

---

40 Dieses Unterkapitel beruht auf den Gesprächen mit Leni Robert, Rosmarie Zapfl-Helbling, Elisabeth Kopp, Lili Nabholz und Monika Weber.

41 https://hls-dhs-dss.ch/de/articles/048195/2006-11-09/ (13.09.2020).

42 Mädchenbildung und Koedukation (13.09.2020).

beibrachte, als das was sie später als Ehefrau, Hausfrau und Mutter brauchten. MONIKA WEBERS Eltern mussten auf ihren Wunsch hin, einen Antrag an die Erziehungsdirektion stellen, dass sie den Staatskundeunterricht mit den Knaben besuchen durfte. In den zwei oder drei Jahren, in denen sie einmal pro Woche den Staatskundeunterricht besuchte, sei sie stets das einzige Mädchen gewesen, denn kein anderes Mädchen forderte Staatskundeunterricht.

ROSMARIE ZAPFL-HELBING hatte in der Sekundarschule (in den 50er Jahren) weder Englisch noch Physik noch Mathematik. Denn man sagte damals: «Mädchen brauchen das nicht. Mädchen heiraten.» ROSMARIE ZAPFL-HELBLING erklärt: «Ich wusste einfach, dass ich nicht dieselben Rechte habe. Vielleicht habe ich das so auch nicht gemerkt, dass es die gleichen Rechte sind. Ich wusste einfach: "Ich darf nicht, was die Jungen dürfen. Nur weil er ein Junge ist, darf er das und ich nicht, selbst wenn er zehntausend Mal dümmer ist als ich."»

Mädchen galten damals als dümmer als Knaben. Heute gelten eher Knaben als *Verlierer des Schulsystems* – was aber eigentlich nichts mit dem System zu tun hat, sondern mit Erwartungen und Einstellungen. Heute gilt man – besonders als Knabe – als cool, wenn man kaum lernt. Pflichtbewusstes Lernen wird als weiblich empfunden. *Knaben müssen Unruhe stiften und sich im Wald die Hosen zerfetzen, sie haben keine Zeit brav vor dem Schreibtisch zu sitzen.* «Nicht alle Jungen [sind] Sorgenkinder und nicht alle Mädchen auf der Überholspur»[43], wie fälschlicher Weise oft behauptet wird. Innerhalb der Geschlechter ist die Leistungsspannweite grösser als zwischen ihnen – wobei die Spannweite bei Knaben grösser ist als bei Mädchen.

ELISABETH KOPP erzählt, dass ihr Rektor am Gymnasium ihr gesagt habe, sie würde bloss einem begabten Knaben den Platz wegnehmen, denn für mehr als eine Eiskunstläuferin tauge sie sowieso nicht. Der Lehrer machte diese Aussage, obwohl sie ihre Leistungen stets erbrachte. Diese blöden Sprüche musste man sich auch noch im Studium anhören. So erzählt LILI NABHOLZ, dass ein Professor die Studentinnen als «Studmarriage» betitelt habe, da er der Überzeugung war, dass Frauen bloss an eine Universität gingen, um sich einen Mann zu «fischen».

4.2 Beruf [44]

Während sich bei Männern ganz egal, ob sie Kinder hatten, verheiratet oder ledig waren, die beruflichen Lebensläufe nicht gross unterschieden, waren die Unterschiede bei Frauen enorm. Nach der Heirat waren viele Frauen nicht mehr erwerbstätig. Sobald sie Kinder bekamen sowieso nicht mehr, weil Väter selten zuhause blieben. Wenn eine Frau arbeitete, dann wirkte das so, als verdiene der Mann nicht genug. Als würde er seiner Rolle als Ernährer der Familie nicht gerecht werden. Dies war aber nicht immer

---

43   LICHTENSTEIGER, SIBYLLE / ENZ, SONJA / GLOOR, ALAIN. Geschlecht jetzt entdecken. Seite 45.
44   Dieses Unterkapitel beruht auf den Gesprächen mit LENI ROBERT, LILI NABHOLZ und ELISABETH KOPP.

so. Erst, als die Schweiz etwas reicher war und man nicht mehr davon abhängig war, dass auch Frauen Geld nachhause brachten um über die Runden zu kommen, setzte sich dieses Bild durch. Heute ist es weniger verbreitet, dass eine Frau sich vollumfänglich der Familie widmet, viel häufiger ist die Teilzeitarbeit.

«Die könnte sich ein schönes Leben machen. Sie hat einen Mann, der gut verdient und was macht sie? Sie arbeitet Tag und Nacht für die Gemeinde», das habe man über sie gesagt, erzählt ELISABETH KOPP. Das Leben war sehr vorbestimmt.

Man dachte, dass Frauen Männern die Arbeitsplätze wegnahmen – besonders auch, weil sie tiefere Löhne bekamen und so weniger rasch entlassen wurden. In manchen Berufen - beispielsweise als Lehrerin - konnte man nach der Heirat sogar die Stelle verlieren. Einerseits lag dies an der verbreiteten Ansicht, dass Haushalt, Kinder und Beruf nur schlecht vereinbar seien. Andererseits war man nicht sehr vom sog. *Doppelverdienertum* begeistert. Bis Ende der 1960er Jahre gab es ein *Lehrerinnenzölibat*. Daher wurden Lehrerinnen nach der Heirat entlassen, sobald die Stelle mit einem Mann neubesetzt werden konnte. Falls sich die Frau scheiden liess oder ihr Ehemann verstarb, konnte sie wieder als Lehrerin tätig sein.[45]

Auch bei der Stellensuche gab es Hindernisse. LILI NABHOLZ erzählt davon, wie es für sie war, sich nach ihrem rechtswissenschaftlichen Studium zu bewerben. Man habe ihr oft gesagt, dass man an jemandem interessiert wäre, der langfristig dort arbeiten würde. Sie aber werde heiraten und dann Kinder haben. «Als ob die schon wissen würden, wie mein Lebenslauf sein wird. Ein Mann würde wohl kaum so bei der Bewerbung konfrontiert werden», erklärt sie.

Heute getrauen sich Arbeitgebende bei Bewerbungsgesprächen oft nicht mehr direkt nach dem Kinderwunsch zu fragen. Aber manchmal heisst es doch: «Ich weiss, dass man das eigentlich nicht mehr fragen darf – wenn Sie nicht antworten wollen, dann müssen Sie das nicht – aber: Wollen Sie Kinder?».

Wenn man berufstätig war, war man fast ausschliesslich von Männern umgeben. Dass die ganze öffentliche Welt eine Männerwelt war, sei einem gar nicht so aufgefallen, weil es einfach so war, erzählt LENI ROBERT.

---

45 KÜPFER, SIDONIA, Auf die Heirat folgt die Kündigung, in: Schaffhauser Nachrichten vom 27.12.2019.

4.3 Ehe [46]

Der Ehemann legte den Wohnsitz fest. Wenn seine Ehefrau arbeiten wollte, konnte er ihr das Arbeiten verbieten. Wenn sie einen grösseren Einkauf machte, brauchte sie seine Unterschrift. So lebte es sich mit dem alten Eherecht.

Dieses alte Eherecht stiess natürlich nicht bei allen auf Begeisterung. MONIKA STOCKER erzählt, dass sie und ihr Mann einen Ehevertrag gemacht hätten, dass sie es so partnerschaftlich machen würden, wie es unter diesen Umständen bloss ginge. Daraufhin musste sie auf die Vormundschaftsbehörde. Wenn eine Frau einen Ehevertrag abschliessen wollte, hatte die Vormundschaftsbehörde von Amtes wegen zu prüfen, ob die Frau im Vollbesitz ihrer Kräfte war. Der Vormundschaftsbeamte habe sie immer wieder gefragt, ob sie sich wirklich sicher sei und ob sie es sich gut überlegt habe. Sie sei einfach allgemein etwas dumm hingestellt worden, meint sie. Am Ende habe sie noch hundert Franken bezahlen müssen. «Dafür war ich wieder handlungsfähig», meint sie. «Wenn der Staat mich nicht auf die gleiche Ebene nimmt und mir für die Überprüfung, die ich nicht einmal wollte, Geld abknöpft, dann ist das doppelte Diskriminierung», erklärt sie. Später präsidierte sie selbst die Vormundschaftsbehörde. Sie habe den Mitgliedern oft gesagt, dass sie sie einmal begutachtet hätten, um zu sehen, ob sie geistig normal sei. Als Antwort hätten diese bloss gegrinst, erzählt sie.

«Als mir nach dem Ausstieg aus dem Berufsleben, die 2. Säule ausbezahlt wurde, fragte der Briefträger nach meinem Mann», erzählt ROSMARIE ZAPFL-HELBLING. Sie habe ihm geantwortet, er könne ihr das Geld schon geben, denn es sei ihres. Dieser erwiderte, dass ihr Mann unterschreiben müsste. So ähnlich erging es ihr in den 80er Jahren. Als sie für ein Verwaltungsratsmandat auf dem Notariat unterschreiben wollte, hiess es: «Wo ist ihr Mann? Er muss unterschreiben.» Als sie dem Beamten erwidert hatte: «Nicht mein Mann, sondern ich werde Präsidentin!», sagte der Notariatsbeamte bloss: «Das wissen wir. Aber unterschreiben muss ihr Mann trotzdem!».

---

46   Dieses Unterkapitel beruht auf den Gesprächen mit MONIKA STOCKER und ROSMARIE ZAPFL-HELBLING.

5
PASSIV POLITIK MACHEN

5.1 Ohne Stimmrecht [47]

ELISABETH KOPP regte sich bereits im Gymnasium masslos darüber auf, dass Frauen kein Stimmrecht hatten. Ihr Vater hielt einmal in Muri einen Vortrag über eine Finanzreform. Sie fragte ihn, ob sie mitkommen dürfe. Er erwiderte, dass sie sicher nichts davon verstehen werde – aber sie dürfe selbstverständlich mitkommen, wenn sie das wolle. Sie setzte sich an diesem Tag in die letzte Reihe. Der Veranstalter begrüsste das Publikum ausnahmsweise einmal mit: «Meine Damen und Herren.» Vor ihr sah sie lauter glatzköpfige Männer, die sich erstaunt bis entrüstet nach ihr umdrehten. So im Sinne, was denn da ein *weibliches Wesen* verloren hatte, erklärt sie. Als sie an diesem Tag nachhause kam, erzählte sie das ihrer Mutter. Diese sagte ihr, sie müsse begreifen, dass Frauen kein Stimmrecht hätten. ELISABETH KOPP erwiderte, dass das ungerecht sei. Vorläufig sei das ebenso, aber das käme dann schon irgendwann, meinte ihre Mutter nur.

Jedem und jeder Bürger*in der Schweiz wurde früher oder später bewusst, dass Frauen von der politischen Beteiligung ausgeschlossen waren. Manche dachten sich nicht viel dabei, schliesslich gehörte es dazu. Andere empfanden es als eine unverschämte Ungerechtigkeit. Man stelle sich vor, wie an einem Sonntag ein zwanzigjähriger Mann mit seinem Vater zum ersten Mal an die Urne geht. Die Mutter und Grossmutter, die beide im Land nicht mehr und nicht weniger als ein Kind zu sagen haben, müssen zuhause bleiben. Vom Resultat der Abstimmung werden sie aber genau wie alle anderen betroffen sein. Vielleicht diskutieren die beiden eifrig in der Küche, bis die anderen zurück sind und der Braten gegessen wird. Vielleicht aber auch nicht. Vielleicht haben sie weder ein politisches Interesse noch ein Gefühl für Ungerechtigkeit, aber, dass sie nicht abstimmen können, wissen sie. Vielleicht merkten die beiden, wie auch HANNA SAHLFELD-SINGER, als sie in die Pubertät kamen, dass sie wie ihre Mütter, Tanten und Grossmütter nie in der Politik etwas zu sagen haben werden. Vielleicht empfanden sie das Ganze genauso unhaltbar wie SUSANNE LEUTENEGGER OBERHOLZER. Vielleicht fragt sich die Mutter, was wäre, wenn ihr Sohn ihre Tochter wäre.

HANNA SAHLFELD-SINGER hat als Kind alles gelesen, was ihr in die Hände kam. Das waren kirchliche Zeitschriften, die Regionalzeitung, aber auch gedruckte Jahresberichte der politischen Gemeinde, der Schulgemeinde und der Kirchgemeinde, die ihrem Vater als Stimmbürger zugeschickt wurden. Sie war das jüngste von sechs Kindern und zuhause konnte sie mit ihren Eltern neben vielerlei Dinge, auch über Politik sprechen. Schon früh habe sie verstanden, dass ihr Vater stimmen und wählen gehen konnte, ihre Mutter aber nicht.

Schlimmer als mit dem Gedanken aufzuwachsen, niemals abstimmen zu können, ist es, wenn einem dieses Recht wieder entzogen wird. GABRIELLE NANCHEN erging es so. Im Kanton Waadt hatten Frauen das Stimmrecht seit 1959, damals war sie 16 Jahre alt. Drei

---

47 Dieses Unterkapitel beruht auf den Gesprächen mit ELISABETH KOPP, SUSANNE LEUTENEGGER OBER-
HOLZER, HANNA SAHLFELD-SINGER, GABRIELLE NANCHEN und MONIKA STOCKER.

Jahre lang konnte sie auf kommunaler und kantonaler Ebene stimmen und wählen. 1966 folgte sie dem Mann, den sie später heiratete, ins Wallis. Da dort Frauen kantonal kein Stimmrecht hatten, verlor sie ihr Stimmrecht. Es war, als wäre sie wieder ein Kind geworden.

MONIKA STOCKER war klar, dass man das Stimmrecht nutze. Als sie abstimmen konnte, regte sie sich immer auf, wenn eine Frau ihr sagte, sie gehe nicht stimmen. Auf solch eine Aussage antwortete sie immer, dass man trotzdem abstimme, auch wenn man nicht stimmen gehe. «Denn wer nicht [stimmen] geht, stimmt sozusagen dem Bestehenden zu», erklärt sie. Viele Frauen hätten das zuerst einmal kapieren müssen. Sie habe immer gesagt: «Ihr wisst gar nicht, wie wir dafür kämpfen mussten und jetzt bitte nutzt es auch.»

5.2 Politisches Erwachen und erste Erfahrungen[48]

HANNA SAHLFELD-SINGER erzählt, dass ihr Berufseinstieg als Vikarin und dann Pfarrerin sicher dadurch erleichtert worden sei, dass in der reformierten Kirche das Stimm- und Wahlrecht für Frauen um circa 1960 eingeführt wurde. «So machte ich meine ersten Erfahrungen als "Parlamentarierin" in der kirchlichen Kantonalsynode St. Gallen und in der Kirchenvorstehendschaft. [In meiner] vorgesetzten Behörde, waren nun auch Frauen», erzählt sie.

HANNA SAHLFELD-SINGER ist nicht die Einzige, die in der Kirche politisieren lernte. MONIKA STOCKER war als Mädchen in der katholischen Mädchenorganisation *Blauring* aktiv und sei dabei feministisch angehaucht worden. Denn dort diskutierten sie unter den Leiterinnen über viele Themen – unter anderem auch über Frauenrollen oder die Rolle der Frau. Im katholischen Milieu sei das schwierig gewesen. 1968 machte sie die Matura. An der Uni wurde sie laufend mit den gesellschaftspolitischen Unruhen, wie dem Vietnamkrieg, konfrontiert. Das prägte sie sehr. Mit dem Studium und allem, was 1968 passierte, sei man in die Politik hineingewachsen, meint sie. Es sei unmöglich gewesen, keine politische Haltung zu entwickeln. Entweder sei man mehr oder weniger dafür oder dagegen gewesen, aber man sei drin gewesen. Aber auch zuhause habe es bei ihr bereits eine Kultur des Diskutierens gegeben.

Auch bei ELISABETH ZÖLCH hat das Diskutieren bereits in der Familie begonnen. Ihr Vater war Tierarzt und bildete zukünftige Tierärzte aus, die aus ganz Europa kamen. Dabei diskutierten ihre Geschwister und sie mit den angehenden Tierärzten über Politik und Tagesgeschehnisse.

Das war aber nicht in allen Familien so. Einerseits gab es damals, wie auch heute, Familien, die nie gemeinsam über Politik reden. Anderseits gab es Familien, die einfach nie

---

48 Dieses Unterkapitel beruht auf den Gesprächen mit HANNA SAHLFELD-SINGER, MONIKA STOCKER, ROSMARIE ZAPFL-HELBLING, GABRIELLE NANCHEN und ELISABETH ZÖLCH.

mit ihren Töchtern, Müttern und Ehefrauen politisierten. Die Walliserin MATHILDE VON STOCKALPER erzählt 1996 in einer Dokumentation des schweizerischen Fernsehens davon, wie es war, bei allen Gesprächen unter Männern zurückgewiesen zu werden. «Ach ihr Frauen versteht doch nichts», wurde ihr gesagt. Eine Frau habe einfach nicht das Recht gehabt, etwas zu sagen, und wenn sie es tat, nannte man sie eine blöde Gans, die nichts von Politik verstehe. Ihre Brüder durften studieren. Sie nicht. Sie wollte Latein lernen und Medizin studieren. Doch ihr Vater sagte nur, sie solle lernen, wie man bügelt und Strümpfe strickt und flickt.[49] Wenn man in solch einem Milieu aufwächst, wird einem die politische Interessenbildung sicherlich erschwert. Wie viele Frauen das waren, die so aufwuchsen, ist schwierig zu sagen. Man kann aber davon ausgehen, dass es die meisten waren. Denn, wenn jede Familie eine Diskussionskultur gepflegte hätte, dann wäre das Frauenstimmrecht nicht erst 1971 eingeführt worden.

Der Grund, dass man eben gerade *nicht* mitbestimmen durfte, konnte aber auch ein politisches Interesse wecken. ROSMARIE ZAPFL-HELBLING sagt, sie sei politisiert worden, weil sie als Mädchen zur Welt kam. Seit sie spürte, dass etwas nicht stimmte, wenn man eine Frau war – also, dass Frauen nicht die gleichen Rechte hatten – interessierte sie sich für Abstimmungen. Doch sie sagt auch, dass wenn man sie früher mit zwanzig gleichalterigen Mädchen zusammengesteckt hätte, es keine gegeben hätte, die so wie sie dachte. Auch später, als es um das Frauenstimmrecht ging.

So viel anders als heute musste die Bildung eines Interesses an Politik aber gar nicht gewesen sein. Als GABRIELLE NANCHEN mit 19 Jahren an der Universität in Lausanne studiert hatte, inspirierte sie die *Apartheid* in Südafrika, politisch aktiv zu werden. Die Apartheid oder Periode der sogenannten *Rassentrennung* dauerte von den Anfängen des 20. Jahrhunderts bis Mitte der 90er Jahre. Es gab Strände, WCs und Sitzplätze im Bus, die (wie 1989 auf einem Schild am Strand von Durban stand) «[...] for the sole use of members of the white race group» gedacht waren.[50] GABRIELLE NANCHEN wollte eine gerechtere Welt, in der keine Person diskriminiert wird, nur weil sie «Schwarz» ist. Sie erzählt, dass – da sie schon immer allergisch gegen Ungerechtigkeit gewesen sei – sie soziale Ungleichheiten bekämpfen wollte, indem sie sich politisch engagierte. Die Sozialdemokratische Partei entsprach am besten ihrem Ideal von Solidarität, Gerechtigkeit und Gleichheit.

5.3 Parteiwahl und -mitgliedschaft [51]

Der SP können Frauen seit 1912, der FDP seit 1949 und der CVP seit der Einführung des eidgenössischen Frauenstimmrechts 1971 beitreten.[52] Der Landesring – eine Partei,

---

49   Wenn Männer für Frauen motzen – eine Walliser Saga. 1996. Play SRF.

50   https://de.wikipedia.org/wiki/Apartheid (05.10.2020; 21:13).

51   Dieses Unterkapitel beruht auf den Gesprächen mit MONIKA WEBER, HANNA SAHLFELD-SINGER, GABRIELLE NANCHEN, LILI NABHOLZ, LENI ROBERT und MONIKA STOCKER.

52   https://www.srf.ch/news/schweiz/wahlen-2019/frauen-in-schweizer-parteien-wo-ist-die-gleichstellung (05.10.2020).

die es heute nicht mehr gibt – hatte bereits seit seiner Gründung im Jahre 1935 Frauen als Mitglieder. Gottlieb Duttweiler, der Gründer des Landesrings und der *Migros*, sei schon immer für das Frauenstimmrecht gewesen, erzählt Monika Weber. Bereits bei der Gründung seien Frauen in den Vorständen und auch sonst überall vertreten gewesen. Als sie 1963 dem Landesring beitrat, habe sie gewusst, dass sie als Frau im Landesring ganz selbstverständlich akzeptiert werde.

Als sich die Parteien nach der Einführung des Frauenstimmrechts auf die Suche nach weiblichen Mitgliedern und Kandidatinnen machten, hatte Hanna Sahlfeld-Singer jener Partei zugesagt, die sich schon seit Jahrzehnten für das Stimmrecht eingesetzt und bereits seit längerer Zeit Frauen als Mitglieder hatte. Diese Partei war die *Sozialdemokratische Partei* (SP).

Auch wenn für diese drei Frauen die Parteiwahl eng mit dem Frauenverständnis zusammenhing, musste man als Frau, deren Anliegen Gleichberechtigung ist, nicht zwingend in diese Parteien eintreten. Beispielsweise trat Lili Nabholz der FDP bei. Sie dachte sich, dass sie selbst eine gesellschaftsliberale Person sei, diese Partei Potenzial habe, diese Überzeugungsarbeit leisten könne und die politische Kraft habe, etwas durchzubringen. Dass sie aus freisinnigem Haus kam, habe auch eine Rolle gespielt. Ausschlaggebend aber sei für sie gewesen, dass sie als liberale Person einer liberalen Partei beitreten wollte. Zum Teil sei sie aber auch enttäuscht worden. «Ich möchte nicht sagen, dass ich durchwegs die Offenheit gegenüber Frauenanliegen angetroffen habe, die ich erwartet hatte», erzählt sie. «Die Freisinnigen haben die Frauen gern», war ein damaliger Slogan der Freisinnigen. Leni Robert erklärt, dass sich die FDP als Partei darstellen wollte, die offen für Neues und Frauen ist und diese auch fördert. Als das Frauenstimmrecht eingeführt wurde, wollten allgemein alle Parteien Frauen auf ihren Wahllisten haben. Es gab der Partei einen Anstrich von Fortschritt und Offenheit und eine grössere Wähler*innenbasis.

Um in der Politik mitreden zu können, muss man nicht zwingend in einer Partei sein. Aber besonders, wenn man als Politiker*in aktiv ist, lohnt es sich, einer Partei beizutreten. So kann der eigenen Stimme zu mehr Einfluss verholfen werden, wodurch man eine grössere politische Kraft besitzt, um Anliegen durchzubringen. Monika Stocker war Teil der *Frauen- und Friedensbewegung*. Die *Friedensbewegung* versuchte, Kriege und Kriegsrüstung aktiv zu verhindern, und Krieg als Mittel der Politik auszuschliessen.[53] Sie sagt, sie sei lange eine typische 68erin gewesen, die immer dachte, sie wolle keiner Partei oder anderweitigen Institutionen beitreten. Als sich 1986 in Tschernobyl eine Nuklearkatastrophe ereignete, hat sich Monika Stocker gedacht: «Spinnt ihr eigentlich!». Bereits als Frauen noch kein eidgenössisches Stimmrecht hatten, hat man mit der Planung des Atomkraftwerks Kaiseraugst im Kanton Aargau begonnen. Zwei Jahre nach *Tschernobyl* liess man das Projekt endgültig fallen. Monika Stocker erzählt, dass, als sie gegen *Kaiseraugst* war, man ihr immer gesagt hat, dass es vielleicht in tausend Jahren

---

53 https://de.wikipedia.org/wiki/Friedensbewegung#Neue_Friedensbewegung (06.10.2020; 08:32).

einmal einen kleinen Unfall geben könnte. Dabei sei das doch andauernd passiert, es sei einfach nicht bekannt gemacht worden. «*Tschernobyl*, dann *Fukushima*, und, und, und.» 1986 trat sie den *Grünen* bei, die drei Jahre zuvor gegründet worden waren. Sie zahlte zwar den Mitgliederbeitrag, wollte aber nicht aktiv politisch mitmachen. Doch die *Grünen* waren der Meinung, sie sei eine Frau, die sie auf die Nationalratsliste setzen wollen. Man wollte Frauen auf der Liste haben, die sich schon einen Namen gemacht hatten. Durch die *Friedens- und Frauenbewegung* kannte man sie bereits. Die Grünen im Kanton Zürich bekamen drei Sitze. Einer war ihrer.

Grundsätzlich trat man damals, wie auch heute derjenigen Partei bei, mit welcher man sich am meisten verbunden fühlte. Die Parteiwahl war für Frauen damals gar nicht so anders als heute. Der einzige Unterschied ist, dass Frauen einen erschwerten Zugang zu Politik an sich hatten. LENI ROBERT ist der Meinung, dass man eigentlich zuhause bereits in einer Parteien-Tradition aufwachsen muss. Es gibt Familien, die über Generationen sozialdemokratisch sind, andere über Generationen freisinnig. Bei ihr zuhause sei zwar das Grunddenken politisch gewesen, aber sie sei nie in festen Strukturen eingebettet gewesen, in denen ihre Eltern oder Grosseltern bereits waren. Sie selbst habe immer in politischen Zusammenhängen, aber nicht parteipolitisch gedacht. Sie hatte Freundinnen bei den *freisinnigen Frauen*. Als diese sie ermunterten, für den Berner Stadtrat zu kandidieren, sei sie den *Freisinnigen* beigetreten.

5.4 Frauenförderung [54]

Nach der Erlangung des Stimmrechts war es wichtig, dass Frauen nun auch tatsächlich in die Politik fanden und in den verschiedenen Parlamenten vertreten waren. Dabei musste man ihnen Politik in gewisser Weise schmackhaft machen, wo man doch Jahrhunderte lang Politik als etwas Männliches verkaufte. ELISABETH ZÖLCH gab viele Kurse für Frauen und arbeitete mit Frauen, um sie zu motivieren, politisch mitzumachen. Sie sagte allen Frauen, dass Politik zu machen, sehr spannend sei und Verantwortung zu übernehmen, etwas Schönes sei. Durch die Schauspielschule habe sie gelernt aufzutreten, erzählt sie. Frauen mussten Vorbildfunktionen übernehmen, ohne wirklich selbst Vorbilder zu haben, an denen sie sich orientieren konnten. Doch weil sie bereits dieses Interesse hatten und es für äusserst wichtig empfanden, Frauen in der Politik zur Normalität zu machen, versuchten sie, möglichst viele Frauen zu motivieren und ihr Wissen mit ihnen zu teilen. «Damals hatte man wenige Vorbilder. Die wenigen Frauenrechtlerinnen gaben uns Jungen die Kraft, um sich für Änderungen einzusetzen», erzählt ROSMARIE ZAPFL-HELBLING. Doch auch wenn sie selbst noch nicht so viel wusste, gab sie anderen Frauen die Kraft, sich ebenfalls politisch zu engagieren. Natürlich konnten sie sich an männlichen Politikern orientieren, doch diese hatten ganz andere Voraussetzungen als sie.

---

54 Dieses Unterkapitel beruht auf den Gesprächen mit ELISABETH ZÖLCH, ROSMARIE ZAPFL-HEBLING HANNA SAHLFELD-SINGER, MONIKA STOCKER, LENI ROBERT, MONIKA WEBER und SUSANNE LEUTENEGGER OBERHOLZER.

Hanna Sahlfeld-Singer erzählt, dass sie später erfahren habe, dass sie durch ihren Mut in die Politik einzusteigen, andere Frauen ermutigt habe, sich ebenfalls mit Politik zu beschäftigen. Im Frühjahr 1975 fand an der Universität Bern eine Vortragsreihe (*Frauen in der heutigen Forschung und Gesellschaft*) statt. Ihr als Theologin wurde das Thema *Seelsorge und Emanzipation* gegeben. Auf diese Art, mit Beispielen aus dem Leben und Ermunterung und weniger für konkrete Schritte in Form von Gesetzten, habe sie sich im Allgemeinen für Gleichberechtigung eingesetzt.

Auch Monika Stocker versuchte durch Kurse Frauen zu ermutigen. Sie habe bereits nach dem Studium Kurse zu *Frauen und Macht* durchgeführt. Bei den *Frauen für den Frieden,* aber auch bei Parteien gab sie welche. Im Juli 2020 sei eine Frauentagung bei der *Evangelische Volkspartei* (EVP) geplant gewesen. Im Zentrum wäre ein Planspiel mit dem Titel '*Weil ich es mir wert bin*' gestanden. Bei diesem Kurs wäre es darum gegangen, dass Frauen sich selbst wertschätzen lernen. Doch durch die Infektionsgefahr mit dem Corona Virus musste der Kurs abgesagt werden. Dass solche Kurse heute noch stattfinden, zeigt, dass die Spuren, die die Unterdrückung der Frau hinterlassen haben, immer noch nicht ganz verwischt werden konnten. Das Traurige daran ist, dass diese Spuren nicht nur Überbleibsel aus früherer Zeit sind, sondern trotz laufendem Abbau auch immer wieder neu entstehen oder vertieft werden.

Auch über die AHV bot Monika Stocker Kurse für Frauen an. Ihr war es immer wichtig, dass Frauen wissen, was für eine Rente sie einmal haben werden, dass sie sich mit dem auseinandersetzen und, dass sie Geld einzahlen.

Auch Rosmarie Zapf-Helbing gab Kurse. Als sie Präsidentin des *Katholischen Frauenvereins* ihres Kantons war, hatte sie Glaubenskurse, Redekurse, Protokollkurse und viele weitere gegeben. Sie wollte immer über irgendein politisches Thema einen Kurs machen, um anschliessend mit den anderen Frauen darüber zu diskutieren. Die Frauen erwiderten ihr immer, sie könne nicht politisieren, denn die Frauen kämen bei solchen Themen nicht. Später, als sie nicht mehr Präsidentin war und im Nationalrat sass, konnte sie den Frauenbund überzeugen jedes Jahr einmal nach Bern ins Bundeshaus und einmal nach Strassburg in den Europarat zu gehen. «Solche Dinge zogen. Das hatte sie dann interessiert. Ich konnte dann den ganzen Tag mit ihnen über Politik diskutieren. Plötzlich merkten sie, dass das doch noch spannend ist», erzählt sie. Rosmarie Zapfl-Helbling berichtet, dass die meisten Frauen damals dachten, dass Politik nicht weiblich sei und nichts damit zu tun haben wollten. «"Du bist eine Frau, die am Morgen vermutlich Frühstück für deinen Mann und deine Kinder machst. Du stellst eine Butter auf den Tisch. Die allein ist bereits politisch. Butter ist eine grosse politische Frage." Damals war dieses grosse Theater mit den Butterbergen. 'Importieren wir noch Butter?', 'Was machen wir mit der Butter?', 'Was zahlen wir den Bauern für die Butter?'. Also Butter? Hoch politisch! "Der Schulweg deines Kindes: hoch politisch." Als Tiefbau-Vorständin in Dübendorf machte ich ein Schulwegsicherungskonzept. Bis das durchgegangen ist: hoch politisch», erzählt sie. Man habe mit solchen Beispielen kommen müssen, deshalb seien Bern und Strassburg auch so gut angekommen, da mit diesen konkreten Beispielen und den politischen Fragen, die in der Luft lagen, die Frauen gemerkt hätten, dass es auch sie etwas anging. Sie pflegte den Frauen stets zu sagen, dass es nicht um sie selbst als Frauen gehe. Vielmehr ginge es um sie und ihr ganzes Umfeld, ihre Familie, ihre Kinder. Genauso wie heute Kindertagesplätze nicht etwas für Frauen, sondern etwas Gesellschaftspolitisches sind. Genauso wie die Mutterschaftsversicherung etwas Gesellschaftspolitisches ist.

Auf eine Art und Weise ging es aber doch irgendwie um sie als Frauen. ELISABETH ZÖLCH gründete zusammen mit anderen jungen Frauen eine Parteisektion in der Innenstadt Bern. Sie wollte zeigen: «Wir können das, aber wir müssen es auch machen. Wir können nicht sagen, dass wir Ämter wollen, aber [dann trotzdem] ''ich will nicht'' [sagen].» Es ging darum, das Abstimmungs- und Wahlrecht auch auszuüben. Sie sagt, sie habe einfach etwas organisieren wollen. Es musste nicht mal unbedingt politisch sein. Sie organisierten Suppentage für arme Leute, Kinderfeste, Veranstaltungen auf dem Bundesplatz oder sammelten Geld mit einem Kamel vom *Zirkus Knie*. Es sei eben nicht todernst gewesen, meint sie. Durch diese Anlässe konnten diese Frauen auch ein gewisses Netzwerk aufbauen, das man brauchte, um in die Politik zu gehen. Denn Politik findet zum kleinsten Teil im Ratssaal statt. Dort wird nämlich oft nur noch etwas besiegelt. LENI ROBERT erzählt, dass wenn man etwas erreichen möchte, Druck von der Bevölkerung kommen muss. Frauen hätten diesen Druck zuerst aufbauen müssen. Männer hingegen hatten schon seit hunderten von Jahren ihre Netzwerke, die hätten immer irgendwelche Leute aufbieten können, die für etwas «weibelten», meint sie. Frauen hatten auch ihre Netzwerke, denn sie waren ja nicht gesellschaftlich abgeschottet. Doch ihre Netzwerke waren weitaus weniger einflussreich als die der Männer, da sich ihre Kontakte oft gar nicht in mächtige Positionen erstreckten. Schliesslich waren die mächtigen Positionen in den oberen Etagen in der Wirtschaft oder Politik.

Wie bereits in einem vorherigen Kapitel erwähnt, trichterten Männer Frauen oft ein, dass Politik ein Drecksgeschäft sei. Die Frauen, die andere Frauen zur politischen Beteiligung ermuntern wollten, mussten zuerst einmal zeigen, was Politik eigentlich ist, oder alles sein kann, so wie ROSMARIE ZAPF-HELBLING mit dem Butterbeispiel.

LENI ROBERT war anfangs bis Mitte der 80er Jahre im Vorstand der Frauenzentrale Bern. Sie habe dafür sorgen müssen, dass die etwa 150 Vereine von Stadt und Land des Kanton Berns, die linken Politiker*innen und Bäuerinnen mit gewissen Themen und Überlegungen zusammenhalten konnten. Die Frauenzentrale sei es gewohnt gewesen, nicht zu politisieren, denn die Zentrale solle nichts mit Politik zu tun haben, da sie gemeinnützig war.

LENI ROBERT und GRET HALLER, die beide in diesem Vorstand waren, nahmen es sich aber vor zu politisieren. Nach der Einführung des *Gleichstellungsartikels* 1981 mussten die verschiedenen Verfassungen auf Diskriminierungen gegenüber Frauen durchgeschaut werden. LENI ROBERT und GRET HALLER brachten die neun Regierungsräte dazu, ein Inserat zu unterschreiben, um zu zeigen, dass sie dessen Meinung teilten. Mehr zu diesem Inserat aber später (siehe unter Ziffer 5.5.2 [Gleichstellungsartikel]). LENI ROBERT erzählt, dass durch diese Aktion mit dem Inserat einige Frauen gemerkt hätten, dass Politik kein *Drecksgeschäft* sei, sondern tatsächlich etwas bewirkt werden konnte und Politik spannend sei. Ausserdem leitete LENI ROBERT die *Staatsbürgerliche Kommission der Frauenzentrale Bern*. Dort versuchte sie, den Frauen zu zeigen, dass Politik nicht nur am Biertisch oder danach im Ratssaal stattfände und alles abgekartet sei, sondern dass Politik all das sei, was im Alltag gemacht wird. Fast alles sei letztlich Politik oder stünde in einem politischen Zusammenhang, erklärt sie.

In den einzelnen Parteien gab und gibt es teilweise auch Frauengruppen. Die Gruppe *SVP Frauen* der *Schweizerischen Volkspartei* (SVP) wurde 2016 aufgelöst. [55] Die Frauengruppen, die heute noch existieren, sind die *FDP-Frauen Schweiz* (damals: *Schweizerische Vereinigung der Freisinnig-Demokratischen Frauen*), *SP Frauen* Schweiz*, *grüne Frauen**, *glp Frauen*, *EVP Frauen* und *CVP Frauen Schweiz/ Die Mitte Frauen Schweiz*. Eine weniger bekannte Frauengruppe, die sich gebildet hatte, als sich die CVP auf die Suche nach Frauen für ihre Wahllisten machte, ist die *Arbeitsgruppe Politik Luzern*, die von 1973 bis im Januar 2000 bestanden hat.[56] Bei der POCH (= *Progressive Organisationen der Schweiz*), die im Zuge der 68er-Bewegung gegründet wurde und bis Anfang der 90er Jahre existierte, haben sich viele interne Frauengruppen 1977 abgespaltet und die OFRA gegründet (= *Organisationen für die Sache der Frau*). Die OFRA löste sich Ende der 90er Jahre auf. LENI ROBERT erzählt, dass die Frauengruppen von Parteien jeweils etwas Angst von ihrer *Männerpartei*[57] gehabt hätten, da sie diesen nicht missfallen wollten. «Als Frau dachte man auch in Frauengruppen immer, dass man den Männern nicht missfallen sollte», meint sie.

Frauenförderung kann aber auch auf diskretere Art und Weise geschehen, in dem man selbst bei einer Wahl vermehrt Frauen wählt. Frauenförderung kann aber auch im Rat geschehen. SUSANNE LEUTENEGGER OBERHOLZER trat 2018 zugunsten von SAMIRA MARTI zurück. Somit war dafür gesorgt, dass eine Frau die nächste abwechselt. Dieses Warten und Sicherstellen eines Nachrutschens ist eine Art der Frauenförderung, die von einzelnen nicht nur in Politik, sondern auch anderen Gremien, wie in der Wirtschaft praktiziert wird. Besonders wenn Frauen stark in der Unterzahl sind, kann durch diese Art der Ablösung sichergestellt werden, dass der Frauen-Anteil bestehen bleibt.

5.4.1 Vierzehn Stammtische in Zürich

MONIKA WEBER fühlte sich verpflichtet, Frauen staatsrechlichen Unterricht zu geben. Den Frauen dabei zu erzählen, wie das so ist, politisch aktiv zu sein. Sie zum Mitmachen ermutigen. Staatskundeunterricht, den sie ohne den Antrag ihrer Eltern an die Erzie-

---

55 https://www.handelszeitung.ch/politik/svp-frauengruppe-steht-vor-dem-aus-969545 (06.10.2020; 14:57).

56 Truniger, Karin. Reden in der Öffentlichkeit. Frauen in der Schweizer Politik nach 1971. Saarbrücken 2015.

57 Anmerkung: Mit Männerpartei ist die normale Partei gemeint. Es gab nicht extra Männergruppen.

hungsdirektion selbst nie erhalten hätte, und den sie im Kantonsrat auch für Mädchen forderte. Sie gründete dreizehn überparteiliche *Frauenstammtische* in verschiedenen Quartieren der Stadt Zürich und einen ausserhalb, an welchen sie den staatsbürgerlichen Unterricht gab. Dabei folgte sie immer demselben Muster. Als Erstes suchte sie sich eine Frau aus ihrer Partei – dem Landesring – aus, die sich dazu bereit erklärte, das Ganze überparteilich zu machen. Nachdem eine Leiterin für den Stammtisch gefunden worden war, arbeiteten sie mit etwa fünf anderen Frauen zusammen, die sie kannten. Sie schrieben Annoncen in Zeitungen, mit der Bemerkung, dass der Stammtisch jeden Monat stattfinden würde. Am Anfang kamen vierzig Frauen, dann sechzig und beim dritten Mal wieder nur vierzig. Im Durchschnitt seien zwischen zwanzig und vierzig Frauen an diese Stammtische gekommen. Frauen seien damals im Allgemeinen abends nicht oft allein weggegangen. Jeden Monat fand in allen vierzehn Quartieren ein *Frauenstammtisch* statt. Jedes Mal referierte eine Fachperson oder ein(e) Politiker*in über die Abstimmungsvorlagen.

Wenn sie sich die Abstimmungsunterlagen angeschaut hatten, sagte sie den Frauen immer: «Sie können selbst abstimmen, wie Sie wollen, auch wenn Ihr Mann nicht so denkt wie sie.» Man habe mit den Frauen dieses Selbstbewusstsein aufbauen müssen, erklärt sie. Sie arbeitete dabei immer mit einem konkreten Beispiel: «Wenn Ihr Mann am Morgen zum Frühstück kommt, Ihr ihm den Kaffee serviert und ihn fragt, was eine Einzelinitiative ist, und er es nicht weiss, sagt er: "Hör mal, ich lese jetzt Zeitung", aber im Grunde genommen weiss er es nicht.» Auf diese Weise habe sie den Frauen Mut gemacht.

In der Zeit, in der keine Abstimmungsvorlagen angeschaut wurden, sei immer einer der öffentlichen Betriebe vorgestellt worden. So kam an einem Abend beispielsweise der Feuerwehrkommandant, um über die Feuerwehr zu sprechen. Es sei einfach darum gegangen, dass die Frauen etwas über diesen öffentlichen Bereich lernen konnten. An der Erzählung von Monika Weber erkennt man sehr gut, wie sich die Frauen langsam aus dem Privaten in den Öffentlichen Bereich wagten.

Monika Weber sagt, sie habe das Vortragsprinzip den *Rotary-* und *Kiwanis-Clubs* abgeschaut, weil sie in solchen Clubs bereits referiert habe. Sie fand, dass man nicht einfach zusammenkommen könne, ohne einen Input eines Referenten oder einer Referentin zu haben. Man musste nichts bezahlen, um an diese Stammtische gehen zu können. Jedoch hatten sie eine kleine Kasse, wo etwas Geld für Briefmarken gespendet werden konnte, die später gebraucht wurden, um Briefe zu verschicken. Das habe immer sehr gut funktioniert, meint Monika Weber. Die Stammtische seien gut angekommen und die Frauen seien treu gewesen. Die Stammtische haben über 20 Jahre lang bestanden. Heute gibt es nur noch einen. Er ist der Einzige, der sich ausserhalb von Zürich befindet, nämlich in Bülach. Er sei sogar bereits einmal von der Stadt Bülach ausgezeichnet worden, meint Monika Weber stolz.

5.5 Wichtige Abstimmungen für die Gleichberechtigung [58]

Viele Frauen sagten zu MONIKA STOCKER, sie würden keine Macht haben wollen, weil Macht etwas Unangenehmes sei. Diese Frauen hätten nur die unterdrückende Macht gekannt, erklärt MONIKA STOCKER. Doch es sei in der Politik nicht 'Monika Stocker' hat Macht, sondern 'Frau Stadträtin' oder 'Frau Nationalrätin'. «Wenn man etwas verändern will, braucht man ein gewisses Mass an Macht. Denn wenn man nichts tut, gibt man die Macht einfach frei», fährt sie fort.

Macht muss nicht zwingend ein Amt als Politiker*in bedeuten. Macht kann sich darin manifestieren, dass man sich an Abstimmungen beteiligt oder an Demonstrationen teilnimmt. Damals mussten Frauen einerseits realisieren, dass Macht etwas Gutes sein konnte und sie andererseits auch nutzen. Allgemein sei die Zeit nach dem Frauenstimmrecht eine Zeit der Bewusstseinsmachung gewesen, erzählt LENI ROBERT. Damals, als Naturschützer*innen noch als Spinner*innen gegolten hatten, obwohl man bereits über den Klimawandel Bescheid wusste. Nach dem 2. Weltkrieg brach eine Wachstumseuphorie aus. Man wollte plötzlich wie verrückt Strassen bauen. LENI ROBERT erzählt von Bunkern, die gebaut wurden, aber keiner Bombe standgehalten hätten. Da man so sehr sparen wollte, habe man einfach Sand verwendet. Es sei um wahnsinniges Geldverdienen gegangen. Nach einem Schuss wäre das ganze zusammengebrochen, meint LENI ROBERT. Balkontüren seien gebaut worden, die Balkone habe man aber vergessen. Alles musste schnell gehen. Damals seien viele unglaublich reich geworden. Die Spekulation mit Immobilien sei massiv angeheizt worden.

Auch wenn sie selbst keine Partei-, Verbands- oder Vereinsfrau gewesen sei, habe sie viele Organisationen gegründet. Denn vor 50 Jahren habe man viele Dinge erst gründen müssen, damit über Themen wie Ökologie überhaupt gesprochen werden konnte, erzählt LENI ROBERT. Die Bewusstseinsmachung habe im Allgemeinen diese Themen betroffen, die die Frauen damals beschäftigten. Neben Gleichstellungsfragen habe auch die Ökologie dazu gehört. Dass Frauen stückweit auch andere Themen in die Politik brachten, liegt daran, dass sie meist einen vollkommen anderen Erfahrungshintergrund als Männer hatten, aber mehr dazu später (siehe unter Ziffer 7.11 [Anderer Erfahrungshintergrund = andere Politik]).

Frauen hatten durch das Stimmrecht ein Mittel, um ihre gesetzlichen Benachteiligungen aufzuheben. «Man wusste, wenn man mitmachte, musste man auch arbeiten. Einfach hinein sitzen, wenn man gewählt wurde, war ja nicht die Idee gewesen», erzählt LENI ROBERT. Damit die Gesetzesänderungen ins Rollen gebracht werden konnten, mussten sich Frauen erst aktiv politisch beteiligen. Sie wussten, was zu ändern oder einzuführen war und das war einiges. Die Staatsbürger*innenschaft, das Ehe- und Erbrecht, das Gleichstellungsgesetz, die AHV-Revision, das Namensrecht, die Fristen-

---

58 Dieses ganze Unterkapitel beruht auf den Gesprächen mit LENI ROBERT, ROSMARIE ZAPFL-HELBLING, HANNA SAHLFELD-SINGER, SUSANNE LEUTENEGGER OBERHOLZER, LILI NABHOLZ und ELISABETH KOPP.

regelung, die Mutterschaftsversicherung, Vergewaltigung in der Ehe und Schutz vor häuslicher Gewalt.

5.5.1 Staatsbürger*innenschaft (1978)

Hanna Sahlfeld-Singer heiratete 1968 einen Deutschen. Um Schweizerin bleiben zu können, musste sie einen Antrag stellen. Ihr Ehemann, auch wenn er in der Schweiz arbeitete, behielt seine deutsche Staatsangehörigkeit und musste eine Aufenthaltsbewilligung beantragen. Wenn sie ein Mann gewesen wäre, hätte die Situation aber ganz anders ausgesehen. Einen Antrag, wie sie selbst stellen musste, hätte es nicht gegeben. Die Ehefrau wäre sofort eingebürgert worden. Es wäre egal gewesen, ob sie vorher etwas mit der Schweiz zu tun gehabt oder ob sie überhaupt eine Landessprache beherrscht hätte, erzählt Hanna Sahlfeld-Singer weiter. Nach einer Hochzeit gehörte eine Frau zur Familie ihres Ehemannes. Sie trug dessen Namen und hatte ohne Antrag eben auch dessen Staatsbürgerschaft. Als ihre Kinder zur Welt kamen, wurden diese – analog dem Vater – durch dieses Gesetz automatisch Deutsche. Der Begriff Vaterland scheint somit seine Definition zu erfüllen. Durch einen Antrag liess sich das aber nicht lösen. So liess sich Hanna Sahlfeld-Singer mit ihren zwei Kindern auf eine Fernseh-Sendung ein, da sie wusste, dass diese Situation auch tausende andere Familien betraf. Unter anderem auch Rosmarie Zapfl-Helblings Familie. Ihr Ehemann ist Österreicher. Sie selbst hatte damals wie Hanna Sahlfeld-Singer einen Antrag eingereicht, um Schweizerin zu bleiben. Ihre Kinder aber waren zehn Jahre lang Österreicher*innen. «Da waren die Väter als Gastarbeiter produktiv tätig, da waren die Mütter waschechte Schweizer Hausfrauen – und deren Kinder?», fragt Hanna Sahlfeld-Singer. Ende der 70er Jahre kamen die Schritte zur Gleichstellung von Schweizer und Schweizerinnen, was die Staatsbürgerschaft anbelangte. Seitdem werden weder Partnerin noch Partner automatisch eingebürgert.

5.5.2 Gleichstellungsartikel (1981)

«Zu unserer Zeit haben sie dann manchmal gesagt: "Nachher sind dann alle gleich, wollt ihr denn Männer werden, oder was?". Und so dummes Geschwätz, Gleichberechtigung hiesse alles nivellieren, alle müssten gleich sein», erzählt Leni Robert. Man habe oft nicht von Gleichstellung, sondern Gleichmacherei gesprochen, fügt sie hinzu.

Vor der Einführung des Gleichstellungsartikels machte sie mit Rosmarie Bär ein selbst finanziertes Inserat für eine Zeitung. Dazu nahmen sie die altbekannte Schweizer Legende Willhelm Tell, der seinem Sohn Walterli alle seine Fragen zum Gleichstellungsartikel beantwortete. Sie hätten dabei die blödesten Argumente der Gegner genommen. Dies hätte die Wirtschaftsverbände erzürnt, erzählt sie. «Vater ist's wahr, dass alle Frauen wie Männer werden?», habe Walterli beispielsweise gefragt. Dann sei Willhelm Tell gekommen und habe seinen Sohn beruhigt.

Neu: Art. 4 Abs. 2 BV

Mann und Frau sind gleichberechtigt. Das Gesetzt sorgt für ihre Gleichstellung, vor allem in Familie, Ausbildung und Arbeit. Mann und Frau haben Anspruch auf gleichwertigen Lohn für gleichwertige Arbeit.[59]

Im Gleichstellungsartikel geht es darum, dass *Mann* und *Frau* gleichgestellt sind.[60] Eine Tatsache, die einem heute als selbstverständlich vorkommt, damals aber hart erkämpft werden musste. Gestützt auf den neuen Gleichberechtigungsartikel (= Art. 4 Abs. 2 BV) in der Bundesverfassung, wurde das Gleichstellungsgesetzt erlassen. Und dieses sah Sanktionen betreffend Diskriminierungen vor, zu denen auch die Lohndiskriminierung gehört. Gemäss diesem Gesetz gilt eine sogenannte Beweislastumkehr bei Lohndiskriminierung. Das heisst, die Frau muss lediglich glaubhaft machen, dass sie für gleichwertige Arbeit nicht denselben Lohn wie ein Mann hat. Damit wird der oder die Arbeitgeber*in verpflichtet nachzuweisen, dass er oder sie die Frau nicht diskriminiert.[61]

Nachdem der *Gleichstellungsartikel* 1981 angenommen worden war, musste auf allen Ebenen geschaut werden, wie weit diese in ihren Gesetzen Frauen diskriminierten. Auf das Ganze hätten Frauen natürlich einen völlig anderen Blick gehabt, erzählt Leni Robert. Man habe wirklich den Frauenstandpunkt hineinbringen müssen, fährt sie fort.

Schliesslich ist es schwierig zu bemerken, welche Ungerechtigkeiten Leute mit weniger Privileg haben, wenn man selbst alles zu haben scheint. Wenn man sich aber in der umgekehrten, der direkt betroffenen Position der Unterdrückung oder Diskriminierung befindet, dann weiss man, welche Dinge einem einschränken – dasselbe gilt auch bei Rassismus.

Leni Robert war damals Präsidentin des *Komitees für den Gleichstellungsartikel* im Kanton Bern. Wenn ein Gesetz - wie beispielsweise das *Gleichstellungsgesetz* - gemacht wird, würde der Bund die Kantone zu einer Vernehmlassung einladen, erklärt sie. Die Kantone seien gefragt worden, was sie davon hielten und ob es bei ihnen irgendwelche Diskriminierungen gegenüber Frauen gäbe. Diese *Männerverwaltung* und neun Regierungsräte des Kantons Bern schrieben dem Bund zurück, dass es keinerlei Diskriminierung gegenüber Frauen gäbe und wenn sie in den Gesetzen anders behandelt werden würden, dann sei dies nur zu ihrem Vorteil, dass sie beispielsweise nicht in den Militärdienst müssten oder so etwas, erzählt Leni Robert. Der Bund habe vermutlich noch weitere solche Vernehmlassungen bekommen, meint sie. Als Vizepräsidentin der

---

59 Abstimmungsbüchlein. Volksabstimmung vom 14. Juni 1981. Gleiche Rechte für Mann und Frau. Seite 5.

60 Anmerkung: Geschlechter Binärität im Gesetz festgeschrieben.

61 Dieser Abschnitt beruht auf dem Gespräch mit Lili Nabholz.

staatsbürgerlichen Kommission Berns startete sie nun mit GRET HALLER eine Aktion. Die neun Regierungsräte hätten ein Inserat von ihnen unterschreiben müssen, um zu zeigen, dass diese ebenfalls diese Diskriminierungen entdeckt hatten. So habe der Kanton Bern trotz seiner unglaublich konservativen Politikern im Gegensatz zu anderen Kantonen gut abgeschlossen, berichtet sie.

5.5.3 Das neue Eherecht (1988)

HANNA SAHLFELD-SINGER reichte bereits 1973 eine sogenannte Einfache Anfrage zur *Revision des Eherechts* ein. Der Antwort des Bundesrates sei zu entnehmen gewesen, dass die Revision bis 1975 fertig werden sollte. Soweit sei es dann aber erst 1988 gewesen. Doch gut Ding will Weile haben, erzählt sie.

«Das heutige Eherecht, das noch für alle fast drei Millionen Ehegatten gilt, kommt eigentlich aus dem 19. Jahrhundert. Ende des 19. Jahrhunderts, als die Frau noch praktisch unter der Vormundschaft des Mannes gestanden hat. Und das äussert sich im heutig geltenden Recht durch verschiedene Bestimmungen. Zum Beispiel ist der Mann das Oberhaupt der Familie, der Mann bestimmt die Wohnung der Familie, er kann die Frau daran hindern, dass sie ihren Beruf ausüben kann und im Gesetz ist eine völlige Rollenverteilung vom Staat vorgeschrieben. Zum Beispiel ist vorgeschrieben, dass der Mann arbeiten und die Frau sich um die Familie sorgen muss. Alle anderen Ehemodelle haben in dem jetzt geltenden Gesetz – das wissen die wenigsten – gar keinen Platz. Und das ist der Grund. Wir können heute ihm Jahr 1983 nicht nach der Vorstellungen von Ende des 19. Jahrhunderts leben. Die Wirklichkeit in unserem Land ist ganz anders und wenn das Gesetz zu einem toten Buchstaben wird, dann wird das Recht von damals das Unrecht von heute. Das ist der Grund weshalb ich mich so einsetze, das der Gedanke von der Gleichberechtigung, den das Volk 1981 mit grosser Mehrheit angenommen hat, jetzt auch im Eherecht verwirklicht wird», antwortet ANDREAS GERWIG (SP), damals Nationalrat, zu einer SRF-Journalistin auf die Frage, weshalb es wichtig sei, dass das Eherecht geändert wird.[62]

Der Ehemann verwaltete und nutzte das eingebrachte Gut der Ehefrau. Wenn die Ehe aufgelöst wurde, dann bekam sie einen Drittel des Angesparten und ihr Mann zwei Drittel. Wenn *Mann* und *Frau* sich in Bezug auf Ausbildung oder Erziehung nicht einig waren, galt die Meinung des Mannes. Nach der Scheidung bekam die Frau kein Geld aus der Pensionskasse des Mannes. Das lernte LILI NABHOLZ als Jus-Studentin an der *Universität Zürich*.

5.5.4 Vergewaltigung in der Ehe (1992)

«Dass es Vergewaltigung auch in der Ehe gibt und dass das ein Tatbestand ist, das war auch eine Debatte!», erzählt MONIKA STOCKER. «Was das für ein Theater im Nationalrat war, ob Vergewaltigung in der Ehe ein Vergehen sei oder nicht! Das kann man gar nicht wiederholen, was man da manchmal gehört hat», berichtet auch ROSMARIE ZAP-

---

62 Das neue Eherecht von 1988. Eherecht in der Schweiz. 07.06.1983. In: SRF Archiv

FL-HELBLING. Bis 1992 war Vergewaltigung nur auf erzwungenen Geschlechtsverkehr ausserhalb der Ehe beschränkt. Ab 1992 ist Vergewaltigung auch in der Ehe strafbar und seit 2004 offiziell ein Delikt. Jedoch hat die Definition einige Lücken. Denn alles, was keine vaginale Penetration ist, geht laut dem schweizerischen Strafgesetzbuch unter sexuelle Nötigung. Dadurch, dass Vergewaltigung ausserdem als eine Nötigung gegenüber einer «Person weiblichen Geschlechts» definiert wird, können laut Gesetz Männer in der Schweiz nicht vergewaltigt werden. Nationalrat HILTPOLD HUGUES (FDP) reichte 2013 einen Vorstoss ein, dass unter Vergewaltigung jede Form der sexuellen Penetration von Personen jedes Geschlechts definiert werden sollte. Der Bundesrat wies diesen Vorstoss ab.[63] Die *Eidgenössische Kommission für Frauen* (EKF) forderte in einer Medienmitteilung am 6. Mai 2021 die Revision des Sexualstrafrechts – momentan bewegt sich also wieder etwas.

5.5.5 Mutterschaftsversicherung (2005)

ROSMARIE ZAPFL-HELBLINGS schönster Moment in der Politik war, als die Mutterschaftsversicherung angenommen wurde, weil sie dafür unglaublich gekämpft hätten. Denn die Mutterschaftsversicherung war keine Gesetzesänderung, sondern die Einführung eines neuen Gesetzes. Das Parlament und der Bundesrat waren zwar gegen die Mutterschaftsversicherung, doch dann sei die Volksinitiative zur Abstimmung gelangt und von Volk und Ständen angenommen worden. «Wir hatten so viel Herzblut während vierzig Jahren hineingesteckt! Das war schon ein überwältigendes Erlebnis», erzählt ROSMARIE ZAPFL-HELBLING.

Es ist ihr unbegreiflich, dass es Frauen gab, welche sich gegen die Mutterschaftsversicherung wehrten: «Wie kann sich eine Frau gegen ein Recht wehren, das ihr zusteht? Warum kann sich eine Frau gegen die Mutterschaftsversicherung mit dem Argument wehren, sie habe es auch nicht gebraucht? [So ganz im Sinne von], wenn ich es nicht brauchte, dann brauchen es andere auch nicht.» Das Gedankengut von solch einer Selbstsucht - nur ich allein und alles andere interessiert mich nicht - habe sie nie verstehen können. ROSMARIE ZAPFL-HELBLING und ihre Töchter haben nicht mehr von der Einführung der Mutterschaftsversicherung profitieren können. Nichtsdestotrotz setzte sie sich dafür ein.

Sie habe vor der Abstimmung ein Referat über die *Mutterschaftsversicherung* in Zürich gehalten. Diese Veranstaltung sei von etwa hundert Frauen besucht gewesen. Eine der grössten Gegner*innen, die Ehefrau eines SVP-lers, sei zuvorderst im Saal gesessen. Sie sei ihr ständig ins Wort gefallen, erzählt ROSMARIE ZAPFL-HELBLING.

5.5.6 Weitere Änderungen

Die zehnte AHV-Revision ist die letzte, die gelungen ist. Bei ihr sei ein Systemwechsel mit zivilstandsunabhängigen Renten, Rentensplitting, Erziehungs- und Betreu-

---

63 https://www.parlament.ch/de/ratsbetrieb/suche-curia-vista/geschaeft?AffairId=20133485 (11.10.2020; 21:16).

ungsgutschriften vorgenommen worden, erzählt LILI NABHOLZ. MONIKA STOCKER bezeichnet diese Revision als den Zeitpunkt, an dem für viele Frauen zum ersten Mal ihre *Frauenarbeit* wertgeschätzt wurde (siehe unter Ziffer 6.6 [Überparteiliche Treffen und Allianzen von Politikerinnen]). Die *Familienarbeit* wird nun gleich wie eine Erwerbsarbeit behandelt. Dank dem Beitragssplitting können nicht erwerbstätige verheiratete Frauen ihr eigenes AHV-Konto unterhalten. Dies hat ihre Rentensituation im Alter erheblich verbessert.

Eine andere Änderung des Gesetzbuchs bezieht sich auf den Schwangerschaftsabbruch. Gemäss dem Strafgesetzbuch von 1942 war der Schwangerschaftsabbruch für die schwangere Frau und die Person, die ihn vornimmt, strafbar. Seit 2002 gilt in der Schweiz aber eine sogenannte Fristenregelung. Mit Frist ist der Zeitraum zwischen der letzten Menstruation bis zur 12. Schwangerschaftswoche gemeint. Während dieser Zeit ist der Schwangerschaftsabbruch straflos.[64] Wären Männer diejenigen, welche die Kinder bekämen, wäre der Schwangerschaftsabbruch vermutlich seit eh und je legal. Da Frauen kein Selbstbestimmungsrecht hatten, war diese Änderung ein wichtiger Bestandteil der Selbstbestimmung der Frauen.

Die Änderung des Namensrechts hat grundsätzlich auch etwas mit Selbstbestimmung zu tun. Für diese Gesetzesänderung setzte sich unter anderem SUSANNE LEUTENEGGER OBERHOLZER ein. Sie initiierte 2003 eine parlamentarische Initiative (*Name und Bürgerrecht der Ehegatten. Gleichstellung*). Seit 2013 behalten Mann und Frau nach der Heirat - oder *eingetragenen Partner*innenschaft* (zur Zeit ohne die *Ehe für alle*) - ihren eigenen Namen. Es sei denn, das Ehepaar möchte denselben Namen tragen. Diesfalls kann zwischen einem der beiden Namen frei gewählt werden. Bevor das Namensrecht geändert wurde, galt automatisch der Name des Ehemannes als Familienname. Somit musste die Ehefrau automatisch ihren Namen aufgeben, falls sie vor der Hochzeit kein Gesuch an die Regierung des Wohnsitzkantons stellte.[65]

Was im Gegensatz zur AHV, der Fristenregelung und der Änderung des Namensrechts auf den ersten Blick nichts mit Frauen zu tun hat, ist das Waffengesetz. Doch ROSMARIE ZAPFL-HELBLING erzählt, dass es sehr wohl etwas mit Frauen zu tun hat. «Es war einmal ein Ding der Unmöglichkeit, dass ein Mann seine Militärdienstwaffe abgibt und diese nicht zuhause im Schlafzimmerschrank hat. Unmöglich. Und jetzt plötzlich ging es. Was habe ich dafür kämpft, dass man diese Waffe abgeben sollte. Abgeben kann! Man konnte sie zuerst nicht einmal abgeben. Jeder musste seine Waffe zuhause aufbewahren. Viele Frauen wurden mit dieser zuhause aufbewahrten Dienstwaffe bedroht. Das war wahnsinnig. Diese Vorfälle wurden selten publik. Dies wusste man an sich nur, wenn man sich mit dieser Frage explizit befasste und mit der Polizei, Anwält*innen oder mit Frauenorganisationen sprach», berichtet ROSMARIE ZAPFL-HELBLING.

---

64 https://de.wikipedia.org/wiki/Schwangerschaftsabbruch (06.10.2020; 23:16).

65 https://www.law-news.ch/2011/05/heirat-das-namensrecht-fuer-ehepaare (06.10.2020; 22:25).

Zum Schutz vor häuslicher Gewalt in der Schweiz hat ausserdem die Istanbuler-Konvention beigetragen, die 2018 in Kraft trat. Mit ihr wird sichergestellt, dass Gewalt gegen Frauen und häusliche Gewalt europaweit auf einem vergleichbaren Standard bekämpft werden.[66] Der Umstand, dass Frauen öfters Opfer von häuslicher Gewalt sind, ist stark mit der Machtfrage verbunden. Bei all diesen Gesetzen geht es um Macht. Zementierte Macht von Männern über Frauen. Nicht vergessen werden darf, dass ohne das Frauenstimmrecht die Macht immer noch ausschliesslich bei Männern läge und keine dieser Gesetzesänderung stattgefunden hätte.

5.6 Eidgenössische Kommission für Frauenfragen und Gleichstellungsbüros [67]

Am vierten *nationalen Frauenkongress* von 1975 beschlossen die anwesenden Frauen, vom Bundesrat eine *eidgenössische Kommission für Frauenfragen* zu fordern. Da man fand, dass viele Dinge dem reinen *Männer-Bundesrat* und dem Parlament in Bezug auf Frauen nicht bewusst waren, erzählt Lili Nabholz. Sie selbst präsidierte die Kommission von 1980 bis 1988. «Wir waren ziemlich frei, die Themen aufzugreifen, die uns wichtig erschienen. Wir nahmen auch an Vernehmlassungen für neue Gesetze teil und klapperten diese darauf ab, ob sie irgendwelche versteckte, direkte oder indirekte Diskriminierung enthielten. Dann haben wir auch Themen aufgegriffen, die bislang wenig Beachtung fanden. Zum Beispiel der Strafvollzug an Frauen in der Schweiz. Damals ein Thema, das noch kaum zuvor bearbeitet worden war. Die einzige Strafanstalt für Frauen war in Hindelbank. Dann haben wir einen Bericht über Gewalt an Frauen veröffentlicht. So kamen Themen zur Sprache, die niemand sonst auf Bundesebene aufgriff», erzählt sie. Die *eidgenössische Kommission für Frauenfragen* war ein beratendes Gremium für den Bundesrat. Eigentliche Entscheidungsbefugnisse hatte sie nicht. «Manchmal griff der Bundesrat unsere Empfehlungen auf, manchmal aber auch nicht», meint Lili Nabholz.

Die *Eidgenössische Kommission für Frauenfragen* hat zudem die Aufsicht über das *Eidgenössische Büro für die Gleichstellung von Frau und Mann*. In siebzehn Kantonen gibt es eine kantonale Fachstelle und in fünf Städten lokale Gleichstellungsbüros. Sie sind dafür zuständig, dass die Gleichstellung der Geschlechter umgesetzt wird. Dabei wird weniger individuell geholfen, sondern es werden Strukturen verändert. Susanne Leutenegger-Oberholzer erzählt, dass sie und andere Baselbieter Frauen sich über die Parteigrenzen hinweg für die Schaffung eines Gleichstellungsbüros und einer Frauenkommission auf kantonaler Ebene eingesetzt hätten. Die *Schweizerische Volkspartei* (SVP) lancierte

---

66   https://www.bj.admin.ch/bj/de/home/sicherheit/gesetzgebung/gewaltschutz.html (06.10.2020; 23:25).

67   Dieses ganze Unterkapitel beruht auf den Gesprächen mit Lili Nabholz und Susanne Leutenegger-Oberholzer und https://de.wikipedia.org/wiki/Eidgen%C3%B6ssisches_B%C3%BCro_f%C3%BCr_die_Gleichstellung_von_Frau_und_Mann (11.10.2020; 17:14).

2008 eine Initiative, um diese Fachstelle für Gleichstellung abzuschaffen. Das Stimmvolk des Kantons Basel-Landschaft lehnte die Initiative ab. Auch an anderen Orten gibt es immer wieder Versuche, Gleichstellungsbüros abzuschaffen.

Wenn geglaubt wird, dass *Feminismus* nicht mehr gebraucht wird, heisst das, dass gedacht wird, «das *hier* ist der Endzustand? [...] Es kann auch sein, dass die Frage, «Wozu noch Feminismus?», nicht suggerieren soll, dass der jetzige Zustand das Paradies der Gleichheit ist, sondern dass sich das bisschen Ungleichheit mit der Zeit geben wird. [...] Was ist das für ein Bild von Geschichte, in dem Ungerechtigkeiten *von allein* weggehen?».[68]

---

68 STOKOWSKI, MARGARETE. Untenrum Frei, 16. Auflage, Hamburg 2020. Seite 193.

6
ERSTE FRAUEN IN DER SCHWEIZER POLITIK

6.1 Wahlkampf oder Wahl nach langem Kampf[69]

Nachdem das Frauenstimmrecht erlangt worden war, machten sich alle Parteien auf die Suche nach Frauen für ihre Wahllisten. Einerseits haben sich Frauen aus einem politischen Interesse und Wunsch nach Veränderungen zur Wahl aufstellen lassen, andererseits aber auch aus dem Pflichtgefühl heraus, das hart erkämpfte Recht, ausüben zu müssen.

GABRIELLE NANCHEN sagt, dass sie eigentlich nicht gewählt werden wollte, als sie sich von der SP auf die Nationalratsliste setzen liess. Sie habe es aber normal gefunden, sich auf eine Parteienliste setzen zu lassen, weil sie für sozialdemokratische Ideale stand und für das Frauenstimmrecht mitgekämpft hatte. Da sie jedoch zwei kleine Kinder hatte und weit weg von Bern wohnte, wollte sie an sich nicht gewählt werden. 1971 wurde sie als eine der ersten Frauen durch die wahlberechtigte Schweizer Bevölkerung in den Nationalrat gewählt, weil das Schweizer Wahlvolk offenbar sehen wollte, was geschehen wird, wenn Frauen in Parlamenten sitzen. Doch GABRIELLE NANCHEN sagt, sie sei unglücklich und überfordert gewesen, als sie gewählt wurde, da sie nicht gewusst habe, was sie mit ihren Kindern machen sollte, wenn sie in Bern ist. Eine Lösung war dann aber zum Glück schnell gefunden. Ihr Mann und ihre Schwiegermutter kümmerten sich um die Kinder, wenn sie fort war. Für Frauen, die ein politisches Amt ausübten und Kinder hatten, war die Unterstützung durch Ehemänner, Familie und Umfeld zentral.

«Was mir an der Wahlkampf Kampagne gefiel, war, aus dem Haus zu kommen und Leuten zu begegnen, die meine Überzeugungen teilten, neue Freunde zu gewinnen und meine Kenntnisse über das sozialistische Gedankengut vertiefen zu können»[70], erzählt GABRIELLE NANCHEN in *Amour et povoir*.

Andere Frauen sind durch ihr Umfeld in die Politik gerutscht. Als es 1970 um die Aufstellung zu den Gemeinderatswahlen in Zumikon ging, kam die Ehefrau des Gemeindepräsidenten auf ELISABETH KOPP zu und sagte ihr, sie würden sie aufstellen wollen. ELISABETH KOPP erzählt, dass sie dieser Frau gesagt habe, dass sie doch niemand kenne. Die Frau des Gemeindepräsidenten war aber anderer Meinung. Sie sagte ihr, dass sie ja bereits an zwei Jungbürgerfeiern gesprochen habe und mit Sicherheit gewählt werden würde, wobei sie recht behielt. ELISABETH KOPPS Mann sagte ihr, sie könne sich nicht so für das Frauenstimmrecht einsetzen, dann aber blaumachen, wenn es darum gehe, ein Amt anzunehmen. Dies wusste sie auch und so wurde sie die erste Gemeinderätin der Deutschschweiz.

---

69 Dieses Unterkapitel beruht auf den Gesprächen mit GABRIELLE NANCHEN, ELISABETH KOPP, ROSMARIE ZAPFL-HELBLING, ELISABETH ZÖLCH.

70 NANCHEN, GABRIELLE. Liebe und Macht. Gedanken zu den weiblichen und männlichen Werten. Seite 164.

Im Allgemeinen war es sehr wichtig, dass Frauen dazu ermutigt wurden, sich zu Wahlen aufstellen zu lassen. Sie hatten zwar eine gewisse Vorstellung, was sie erwarten könnte, aber eigentlich hatten sie keine Ahnung, wie es tatsächlich werden wird.

Potenzielle Wahlkampfkandidatinnen wurden an den verschiedensten Orten gefunden. Beispielsweise in *Frauenorganisationen* oder *-vereinen*. So war bei solchen Organisationen oft klar, dass ihre Mitglieder ein gewisses Interesse haben. Hinzu kommt, dass es rein technisch gesehen einfacher ist, interessierte Frauen in Vereinen zu finden, als wenn man sie auf der Strasse suchen muss. Wenn eine Frau bereits einen gewissen Bekanntheitsgrad hatte, war die Wahrscheinlichkeit grösser, dass sie angefragt wurde. ROSMARIE ZAPFL-HELBLING war beispielsweise im *Katholischen Frauenverein* aktiv. Dort wuschen und bügelten sie die Wäsche von Witwern, reinigten gebrechlichen Frauen die Wohnung, machten Mittagstische, Kaffeefrühstücke und Krankentransporte. Man kannte ROSMARIE ZAPFL-HELBLING. Eines Tages kam der Kirchenpräsident zu ihr und sagte ihr, dass die CVP - jetzt wo Frauen ein Stimmrecht haben - auch die eine oder andere Frau auf der Liste haben wolle. Sie habe ihm geantwortet, dass sie aber keine Ahnung hätte, erzählt sie. «Was keine Ahnung, so politisch wie du denkst!», erwiderte er. Sie müsse aber keine Angst haben, sie würde sowieso nicht gewählt werden, weil weder die CVP noch Dübendorf eine Frau wählen würden, fügte er hinzu. Sie sagte zu und liess sich auf die Gemeinderatswahlliste setzten. Von ihrer Liste seien sechs Kandidat*innen gewählt worden. Dabei habe sie das beste Wahlergebnis erzielt. Dies nur deshalb, weil die Wähler*innen sie von ihrer Arbeit her gekannt hätten. Neben ihr seien noch zwei reformierte Pfarrfrauen, eine Journalistin und eine Lehrerin in den Gemeinderat gewählt worden. Frauen, die die Wähler*innen kannten.

Der Bekanntheitsgrad ist bei jeder Wahl ein Vorteil. Daher haben Leute, die bereits in einem öffentlichen Sektor arbeiten, einen gewissen Vorteil. ROSMARIE ZAPFL-HELBLING sagt, sie habe nie wirklich Wahlkampf betrieben. Die Wähler*innen hätten sie einfach gekannt und deshalb gewählt.

Andere Frauen wollten unbedingt in die Politik eintreten. Als Jugendliche dachte MONIKA WEBER, dass sie vielleicht einmal Gemeinderätin wird – allerdings war das Frauenstimmrecht zu jener Zeit noch nicht eingeführt gewesen. Da ihr dieser Umstand bewusst war, dachte sie sich, dass sie vielleicht einmal in die Schulpflege gehen könnte, da man dieses Amt als Frau innehaben konnte. Ende 1970 fand im Kanton Zürich die Abstimmung über die Einführung des kantonalen Frauenstimmrechts statt. Zwischen Weihnachten und Neujahr wurde sie telefonisch angefragt, ob sie für die Kantonratsliste kandidieren wolle. Sie sagte sofort zu. Schliesslich habe sie schon immer gewollt, dass Frauen die gleichen Rechte bekommen wie Männer, erzählt sie.

ELISABETH ZÖLCH machte 1987 den Nationalratswahlkampf. Mit vier anderen Frauen liess sie sich auf die Nationalratsliste der SVP setzen. Ihnen wurde vorgeschlagen, ihre Namen kumuliert auf die Wahllisten setzen zu lassen, weil dies die Wahlchancen erhöhen soll. Alle vier Frauen seien sich aber einig gewesen, dass sie diese Bevorzugung nicht wollten. Denn sie wollten aus eigener Kraft gewählt werden und nicht, weil sie doppelt auf der Liste gestanden hätten. Im Prinzip seien sie einfach gegen eine Quote gewesen, erklärt sie.

6.2 Die ersten Stände- und Nationalrätinnen [71]

LENI ROBERT erzählt, dass das Stimmrecht 1971 nicht DIE Sensation gewesen sei. Man habe nach dem ganzen Hin und Her im Ständerat und überall gewusst, dass das Land irgendwann einfach reif dafür sei. Sie habe es als überfällig empfunden. Es sei eine ähnliche Situation wie beim UNO-Beitritt gewesen. Auch hier hatte die Schweiz lange diskutiert und gezögert. Als es dann aber soweit war, war es kein Thema mehr. Im Herbst 1971 seien dann aber die Nationalratswahlen gewesen. Die ersten Frauen, die in den National- oder Ständerat gingen, seien viel interessanter als das Stimmrecht selbst gewesen, erzählt sie.

1971 erhielten Frauen das Stimm- und Wahlrecht auf Bundesebene. Seit 2019 ist dieser historische Moment auf einer Tafel in den Arkaden im Ständeratssaal verewigt.[72] Im selben Jahr wurden auch die erste Ständerätin und die ersten Nationalrätinnen geehrt. Die Gravuren mit den Namen und der Amtsdauer wurden an ihren ehemaligen Ratspulten angebracht und erinnern neue Generationen von Politiker*innen an diese Pionierinnen.

Abb 2: Gedenktafel: Ehrung einer der ersten Nationalrätinnen

---

71 Dieses Unterkapitel beruht auf den Gesprächen mit LENI ROBERT, GABRIELLE NANCHEN, ELISABETH KOPP und HANNA SAHLFELD-SINGER.

72 https://www.tagblatt.ch/schweiz/ein-denkmal-fur-die-frauen-ld.1129105 (09.10.2020; 11:15).

Abb 3: Das historische Bild der zwölf ersten Nationalrätinnen. Bern, Juli 1972. (Gabrielle Nan-chen unten, zweite von links. Hanna Sahl-feld-Singer oben ganz rechts; Bem.: schwanger mit ihrem zweiten Kind; erste schwangere Politikerin im Bundeshaus)

Bei den Wahlen im Herbst 1971 wurden eine Frau, LISE GIRARDIN (FDP GE), in den Ständerat gewählt und zehn Frauen in den Nationalrat – ELISABETH BLUNSCHY-STEINER (CVP SZ), TILO FREY (FDP NE), HEDI LANG-GEHRI (SP ZH), JOSI MEIER (CVP LU), GABRIELLE NANCHEN (SP VS), MARTHA RIBI-RASCHLE (FDP ZH), LISELOTTE SPRENG (FDP FR), HANNY THALMANN (CVP SG), LILIAN UCHTENHAGEN (SP ZH) und NELLY WICKY (PdA GE). Im Dezember desselben Jahres rutschten HANNA SAHLFELD (SP SG) und im Sommer des nächsten Jahres HELEN MEYER (CVP ZH) nach.

Am Montag, 29. November 1971, zogen diese elf gewählten Frauen in die beiden Räte des Bundeshauses ein. Dies war ein grosser Moment für die Schweiz. Denn bis auf weibliche Reinigungskräfte hatten noch keine anderen Frauen diese beiden Säle für längere Zeit betreten.

«Die 39. Legislaturperiode unseres Parlaments wird in die Geschichte eingehen: Zum ersten Mal nehmen auch Frauen im National- und Ständerat Platz, um am politischen Geschehen des Landes mitzuwirken. [...] Zum ersten Mal seit 1848 durften dieses Jahr ehrenvoll gewählte Frauen nun auch das andere Männerheiligtum den Nationalratssaal betreten. In der Annahme die Damen seien Schmuck genug beschränkte man sich zur Begrüssung auf drei Nelken und eine Rose. Da kann die Natürlichkeit der jungen Walliserin, Gabrielle Nanchen, nur guttun», kommentiert ein Sprecher des Schweizer Fernsehens die Filmaufnahmen jenen Tages. GABRIELLE NANCHEN legt die Blumen auf ihrem Pult lächelnd beiseite.[73]

---

73 https://www.srf.ch/play/tv/srf-wissen/video/erstmals-ziehen-frauen-ins-schweizer-parlament-ein-?id=d6f96916-03a2-4269-b88e-23a306bb5b14 (10.09.2020)

Es war schon beinahe zu erwarten gewesen, dass diese Frauen nicht normal begrüsst werden würden. Das wäre auch etwas komisch gewesen, wenn man so gemacht hätte, als wären sie schon immer da gewesen. Dass man ihnen Blumen übergab, ist ebenfalls einleuchtend, schliesslich sind Blumen das vermutlich häufigste Geschenk, das Frauen geschenkt bekommen. Blumen sind immer wieder aufgetaucht – so auch bei der Wahl von ELISABETH KOPP zur ersten Bundesrätin. «Wir haben uns erlaubt, Ihnen ein paar Blumen hinzustellen, um den Einstieg in Ihre Tätigkeit als Bundesrat im Parlament und insbesondere hier in diesem Saal etwas zu erleichtern», sagte man ihr damals.[74] Blumen als eine nett gemeinte Geste. Sie sagten so den Frauen, dass sie willkommen seien. Willkommen – aber etwas fehl am Platz. Irgendwie dachte man(n), dass Politik nicht ganz mit *Weiblichkeit* zu vereinbaren war – wo die Politik doch gewissermassen ein Zeichen der *Männlichkeit* war. Die Politik wurde *männlich* errichtet. Die Blumen-Schenkenden hatten gewisse Vorstellungen und Erwartungen an diese Frauen. Nahmen eine gewisse Weichheit an und gingen von einer *Verweiblichung* der Politik aus. Nahmen eine *weibliche* Friedfertigkeit an, die in Zeiten des Kalten Kriegs gerne gesehen war. Mit den Blumen wollten sie es ihnen in der *harten* Politik etwas gemütlicher machen. Die Bilder, die vor dem Stimmrecht in den Köpfen der Menschen schwebten, hatten auch nach der Einführung noch ihren Bestand. Veränderten Frauen das politische Klima, wie angenommen wurde? Oder passsten sie sich den politischen Praktiken, die als männlich galten, an? Fanden *weibliche* Werte und Vorgehensweisen in die Politik?[75] (Siehe unter Ziffer 7.13 [von *weiblichen* Werten und Macht])

Im Frühling 1985 war GABRIELLE NANCHEN an einer Veranstaltung einer Sektion der Sozialdemokratischen Partei eingeladen, um einen Vortrag über «Frau und Politik» zu halten. Sie präsentierte ihre Gedanken «zur schwachen Teilnahme der Frauen an der offiziellen Politik, zu anderen Formen von Engagement, die ihnen offenbar näherstehen, und zu der Frage, wie sie die politischen Spielregeln verändern könnten, wenn sie die ihnen vertrauten Werte einbrächten. [...] Die Diskussion mit dem Publikum drehte sich um den Begriff der «weiblichen» Werte.»[76] Den Voten einer führenden Partei-Intellektuellen entnahm sie, «dass das, was man weibliche Werte nenne, nichts anderes als Unfähigkeit und Schwäche sei.»[77]

GABRIELLE NANCHEN erzählt, dass es damals im Nationalrat eine amtliche Form der Diskriminierung gegeben habe, denn sie und ihre Kolleginnen wurden mit «Frau Nationalrat» (Madame le conseiller) angesprochen. Als sie sich deswegen bei einem Mitglied

---

74 Elisabeth Kopp. Eine Winterreise. (Regie: ANDRES BRÜTSCH, Dokumentarfilm, Schweiz 2007)

75 Anmerkung: Das duale Geschlechtersystem geht von grundsätzlichen Unterschieden der Geschlechter *Mann* und *Frau* aus und besitzt somit auch strikte Vorstellungen von *Weiblichkeit* und *Männlichkeit*. Wobei davon ausgegangenen wird, dass man nur eines besitzt.

76 NANCHEN, GABRIELLE. Liebe und Macht. Gedanken zu den weiblichen und männlichen Werten. Seiten 28-29.

77 NANCHEN, GABRIELLE. Liebe und Macht. Gedanken zu den weiblichen und männlichen Werten. Seite 29.

der Verwaltung mit der Bitte meldete, mit «Frau Nationalrätin Nanchen» (Madame la conseillère Nanchen) angesprochen zu werden, sagte man ihr, dass dies nicht möglich sei, da das Wort «Nationalrätin» nicht im Wörterbuch existiere! Man nannte sie ihre ganze Amtszeit «Frau Nationalrat Nanchen». Das hat sich unterdessen aber zum Glück geändert. Ansonsten stellte der Nationalrat aber für sie einen Ort dar, an dem sie selbst keine Diskriminierung gegenüber Frauen erlebt habe, erzählt sie. «Ich bin kein gutes Beispiel dafür, dass die Frauen im Parlament diskriminiert wurden. [...] Ich habe gute Erinnerungen an meine männlichen Kollegen und meine Erlebnisse. Diskriminierung habe ich an anderen Orten erfahren. Bei meiner Arbeit, dem Familienrecht oder anderen Situationen, aber nicht im Parlament», meint GABRIELLE NANCHEN.

Auch bei ELISABETH KOPP, als sie Bundesrätin wurde, hat es ähnlich ausgesehen. An ihrer ersten Sitzung im Bundesrat habe es genau zwei Traktanden gegeben. Nämlich die Departements-Verteilung und die grosse Frage, wie sie angesprochen werden sollte. Ersteres sei in zwei Minuten erledigt gewesen. Da niemand das Departement wechseln wollte, übernahm sie das freigewordene EJPD (*Eidgenössisches Justiz- und Polizeideparte-ment*). Das zweite Traktandum brauchte etwas mehr Zeit. Den Ehefrauen der Bundesräte sagte man damals «Frau Bundesrat». ELISABETH KOPP erzählt, sie habe ihren Bundesratskollegen an diesem Tag gesagt, dass sie mit «Frau Bundesrätin» angesprochen werden möchte. «Nicht weil ich etwas gegen diese Frauen hatte, sondern, weil ich klarmachen wollte, wer Amtsinhaberin ist», erklärt sie. ELISABETH KOPP setzte sich durch.

Aber nun nochmals dreizehn Jahre zurück in der Zeit, zu den ersten Nationalrätinnen. Wie bereits erwähnt, ist HANNA SAHLFELD-SINGER nachgerutscht. Doch ganz reibungslos verlief das Ganze nicht. Bereits als sich HANNA SAHLFELD-SINGER auf die Liste setzen liess, seien Männer aus der Partei der Freisinnigen (FDP) gekommen. Sie hätten den Artikel 75 der damaligen Bundesverfassung («Wählbar in den Nationalrat sind nur Personen weltlichen Standes») entdeckt, erzählt sie. Die Einschränkung entstand während des Kulturkampfs im 19. Jahrhundert und richtete sich gegen die katholischen Priester, fährt sie fort. Sie selbst war, wie bereits erwähnt, evangelische Pfarrerin. «Ich als junge Frau evangelischer Konfession und geistlichen Standes? Ich zog den Wahlkampf durch in der Gewissheit, ich würde doch nicht gewählt, hätte es als Frau aber wenigstens gewagt.» Sie wurde zwar nicht gewählt, war aber Ersatzkandidatin. Als der damalige Nationalrat MATTHIAS EGGENBERGER (SP) in den Ständerat gewählt wurde, rutschte sie für ihn in den Nationalrat nach. «Natürlich hiess es: nicht kneifen und eine Lösung suchen. Um diesem völlig veralteten Paragrafen aus der Bundesverfassung Genüge zu tun, unterschrieb ich in Bern: "Als Nationalrätin werde ich im kirchlichen Bereich nur solche Aufgaben übernehmen, die jeder mit einem Pfarrer verheirateten Frau erlaubt sind." Damit verzichtete ich auf mein Gehalt, konnte aber weiterhin Senioren- und Sozialarbeit weiterführen. Die Juristen in Bern waren mit dieser Lösung einverstanden. Nicht aber meine politischen Gegner, weitgehend ältere Herren in der Gemeinde. Die drehten jetzt meinem Mann jedes Wort um.» HANNA SAHLFELD-SINGER setzte sich dafür ein, dass die anderen Ausnahmeartikel 1973 per Volksabstimmung aus der Bundesverfassung verschwanden. «Das betraf das Beschäftigungsverbot der Jesuiten und das Verbot zur

Neugründung von Klöstern. Ich habe gerade darum gekämpft, dass Rechtsgleichheit für alle gilt, auch wenn die Geschichte des 19. Jahrhunderts, das anders hinterlassen hat», erklärt sie. Der Artikel 75, der 1971 ihretwegen noch soviel zu reden gab, sei bei der Totalrevision der Bundesverfassung 1999, einfach sang- und klanglos verschwunden, erzählt sie.

Als HANNA SAHLFELD-SINGER in den Nationalrat kam, konnte sie noch nicht kantonal abstimmen. Sie fand es merkwürdig zwar Bundes-Politikerin zu sein, nichtsdestotrotz kommunal und kantonal kein politisches Mitspracherecht zu haben. «Es fehlten mir die Frauen, die mich auf Anliegen aufmerksam machten, die aus den Gemeinden oder dem Kanton kamen, die dennoch auf Bundesebene zu lösen waren. Ich war dankbar, wenn mich Briefe erreichten, in denen bestimmte Probleme geschildert wurden. Ich habe dann darüber nachgedacht, mich mit Juristen beraten und je nachdem ein Postulat oder eine Einfache Anfrage dazu eingereicht», erzählt sie.

6.3 Ein paar Eindrücke – Die ersten kommunalen und kantonalen Politikerinnen [78]

«Die Welt wurde während Jahrhunderten von Männern für Männer eingerichtet. Das geht in die feinsten Verästelungen. Zum Teil kommt man in Geflechte, in denen es sehr schwierig wird, dass man nicht irgendwo anstösst», erzählt LENI ROBERT. In einen Bereich, den Männer für sich allein eingerichtet hatten, seien nun also Frauen hineingekommen. Es war ein Aufbruch in einen neuen Tätigkeitsbereich. Man habe sich aneinander gewöhnen müssen und es sei für beide Seiten ein interessanter Lernprozess gewesen, erzählt sie. «Ich denke, dass es nicht nur den Politikerinnen und Politikern so ging, dass das ein Lernprozess von beiden Seiten war. Das war immer in solchen Berufen so, [seien das Pilotinnen oder Politikerinnen]. Man musste sich am Anfang immer gegenseitig finden und abtasten. Es war ein Aufbruch.»

Mit LENI ROBERT wurden 1971 zehn andere Frauen in den Berner Stadtrat gewählt. Es seien einfach Frauen gewesen, die von den Parteien aufgetrieben werden konnten. Alle hätten einem freundlich begrüsst. Man sei willkommen gewesen, erzählt sie. Der Präsident des Stadtrats sei zu ihnen gekommen und habe ihnen gesagt, dass es Brauch sei, dass man im ersten Jahr noch nichts sagen würde, weil man noch viel zu lernen habe. Sie sollten einfach einmal schauen, wie das die Männer machen. Am Ende dieser Sitzung seien die Frauen dann gemeinsam etwas trinken gegangen. Sie hätten besprochen, dass sie nicht dafür in die Politik gekommen seien, um zu schauen, wie es die Männer machten, um es dann gleich wie diese zu machen, sagt LENI ROBERT und fährt fort, von da an habe man versucht, auch eine «Frauenpolitik» zu machen. Man wusste, wenn man mitmachte, musste man auch arbeiten. Einfach hineinsitzen, wenn man gewählt wurde, sei nicht die Idee gewesen.

---

78 Dieses Unterkapitel beruht auf den Gesprächen mit LENI ROBERT, MONIKA STOCKER und SUSANNE LEUTENEGGER OBERHOLZER.

Man sei als Frau vor allem willkommen gewesen, wenn man nichts gesagt habe, erzählt sie. So habe es sich dann auch schnell geteilt. Diese, die im Rat waren, weil die Parteien ihnen gesagt hatten, sie sollten auf die Liste kommen, hätten schon nach kurzer Zeit gemerkt, dass ihnen das politische Klima und *dekorative Dasitzen* nicht behagte. Bei den Sozialdemokrat*innen sei das aber nicht so gewesen, da deren Partei schon eine viel längere *Frauentradition* gehabt hatte. Nichtsdestotrotz durften die Sozialdemokratinnen nichts sagen, da ihre Partei in diesen bürgerlichen Räten stets in der Minderheit war, weshalb diese geschlossen hätten auftreten müssen, erklärt LENI ROBERT. Die Frauen, die übrig blieben, seien zum einen diejenigen gewesen, die dazu bereit gewesen seien, einfach das politische Programm zu unterstützen, die Stimmen zu bringen und das zu machen, was die Partei sagte, ohne etwas zu ändern oder anderen Frauen zu mehr Präsenz oder guten Vorstössen zu verhelfen. Sie seien also sogenannte *Parteifrauen* gewesen. «Die waren gerne gesehen bei den Parteien, das machte sich gut.»[79] Zum anderen habe es ein paar wenige übrig gebliebene Frauen gehabt, die anders gedacht hätten und auch forderten, die etwas ändern und nicht einfach bloss zur Dekoration dasitzen wollten. Dabei sei es meist um *soziale Fragen* gegangen. Um Kinder, die Lebensqualität in der Stadt oder wie man Strassen sicher macht. Den Frauen ging es klar um die Sache. Sie wollten etwas bewegen, Dinge ändern, die sie bereits seit langem ändern wollten. «Männer haben sich schon manchmal schwergetan, dass es Frauen gibt und die schon gerade zu wissen glauben, was politisieren heisse.»[80] Man wollte Frauen, aber dann irgendwie doch nicht. Wenn sie ihre Pflichten als Politikerinnen richtig wahrnahmen, war dies den meisten dann doch nicht so ganz geheuer. Genauso wie Frauen nicht wussten, was sie genau in der Politik erwartete, wussten Männer nicht, wie es genau sein wird, wenn Frauen auch da sind. Alle hatten andere Vorstellung davon, wie es kommen wird. Jedoch konnte angenommen werden, dass das Gesetzbuch umgekrempelt wird, da bereits vor dem Stimmrecht einige Gesetzesartikel angeprangert wurden. Dies tat auch IRIS VON ROTEN in ihrem Buch *Frauen im Laufgitter – Offene Worte zur Stellung der Frau* von 1958.

Als Frauen dann tatsächlich in Räten waren, standen sie mit Männern in einem anderen Konkurrenzverhältnis als Männer untereinander. Als Mann habe man andere Hürden gehabt, als wenn man eine Frau war. «Man hatte den verschärften Konkurrenz- und *Hahnenkampf* zwischen Männern mehr als zwischen uns. Zwischen Männern und Frauen waren es andere Kämpfe. Bei Männern ging es brutal zu», sagt LENI ROBERT. Sie führt weiter aus: «Das hat vielen Frauen ganz schnell gereicht. Die dachten, dass die Politik eine hehre Sache sei, etwas Wichtiges für die Menschen und das Funktionieren. In den Niederungen der Politik, der *Anlagepolitik* [...] allen zuleid werken, [...] war einfach nicht der Stil der Frauen. Das hat vielen Frauen die aktive Politik verleidet. Das musste man durchstehen.»

MONIKA STOCKER kam 1994 in den Zürcher Stadtrat. Sie sagt, dass es dort ziemlich schnell

---

79 Gespräch mit LENI ROBERT-BÄCHTOLD, Muri BE, vom 17.09.2020. Audioaufnahme im Besitz der Autorin.
80 Gespräch mit LENI ROBERT-BÄCHTOLD, Muri BE, vom 17.09.2020. Audioaufnahme im Besitz der Autorin.

klar gewesen sei, dass sie neun Leute seien, jeder und jede sein oder ihr Dossier habe und man sich untereinander unterstützte, da sonst nichts ginge. Im Kollegium habe es – dank Vorreiterinnen wie URSULA KOCH oder EMILIE LIEBERHERR – von Beginn eine gegenseitige Wertschätzung gegeben. Das Gefälle habe es eher vom Gemeinderat gegeben.

SUSANNE LEUTENEGGER OBERHOLZER erinnert sich an ihre Zeit als Gemeinderätin von Allschwil, als vor allem auf eine linke Frau reagiert wurde. «Für grossen Ärger sorgte ich in Frauenfragen mit Vorstössen gegen sexistische Plakate (Levi's Jeans), Gratis-Taxi und Selbstverteidigungskurse für Frauen [sowie für] gendergerechte Sprache», erzählt sie.

6.4 Die erste Bundesrätin [81]

Für die Schweiz war der 2. Oktober 1984 ein historischer Tag. ELISABETH KOPP wurde im ersten Wahlgang mit 124 von 244 Stimmen als erste Frau in den Bundesrat gewählt.[82] Doch sie war nicht die erste Bundesratskandidatin. LILIAN UCHTENHAGEN, eine der 1971 gewählten Nationalrätinnen, wurde 1983 von ihrer Partei, der SP, für die Bundesratswahlen nominiert.[83] LILIANE UCHTENHAGEN wurde aber nicht in den Bundesrat gewählt, sondern OTTO STICH[84] (SP SO). «Die Männer hatten einfach Angst vor ihr», erinnert sich ELISABETH KOPP. «Sie dachten sich schlicht und einfach, dass sie ihr nicht nachmögen. [...] Man sagte immer, man möchte gerne Frauen, aber nicht die.» Einmal, konnte die *Vereinigte Bundesversammlung* die Wahl der ersten Frau in den Bundesrat verhindern. Ein zweites Mal ging das nicht mehr, ohne den Eindruck zu erwecken, frauenfeindlich zu sei.

ELISABETH KOPP erzählt, dass als sie an jenem Dienstag 1984 nach vorne ging, um die Wahl anzunehmen, sie sich gesagt habe: «Du musst das in jeder Beziehung so gut machen, dass kein Mensch jemals sagen wird, dass das eine Frau nicht könne.» Denn sie wusste, dass ihre Bundesratskollegen, ihre Kolleginnen und Kollegen im Parlament und die Bevölkerung der Schweiz nicht nur darauf schauen werden, wie sie es als Person ELISABETH KOPP macht, sondern als Frau. Sie wusste, dass wenn sie etwas falsch machen würde, oder man sie nicht als fähig empfände, dies direkt auf alle Frauen übertragen werden würde. «Als einzige Frau in einem Männergremium wird man immer als Vertreterin der Frauen betrachtet.»[85] Als Erste musste sie gegen alle Klischees ankämpfen.

Das gilt nicht nur für politische oder wirtschaftliche Gremien, sondern auch für andere Bereiche, so auch in der Unterhaltungsindustrie. Frauen gelten als das *unlustigere* Ges-

---

81   Dieses Unterkapitel beruht auf dem Gespräch mit ELISABETH KOPP. Zumikon, 27.08.2020.

82   https://de.wikipedia.org/wiki/Elisabeth_Kopp#~:text=Am%202.%20Oktober%201984%20 w%C3%A4hlte,erste%20Frau%20in%20den%20Bundesrat.(06.09.2020).

83   https://de.wikipedia.org/wiki/Lilian_Uchtenhagen (06.09.2020).

84   https://de.wikipedia.org/wiki/Otto_Stich (13.10.2020).

85   BATTHYANY, SACHA / KOCH, CAROLE, Interview mit alt Bundesrätinnen Kopp und Dreifuss: «Das Geschwätz der Männer ging auf die Nerven», in: NZZ am Sonntag vom 01.12.2018.

chlecht. Das fängt schon früh an, wenn in der Klasse der *Klassen Clown* immer ein Knabe ist oder Komödien mehrheitlich männliche Protagonist*innen haben. Der Stand-Up Komikerin AMY BETH SCHUMER wird oft vorgeworfen – häufig von Frauen – dass sie der Grund sei, weshalb Männer immer denken würden, dass Frauen nicht lustig seien. Dabei ist Humor unterschiedlich und wenn Mädchen eher lernen, über die Witze anderer zu lachen, als selbst welche zu reissen, dann ist es verständlich, dass sich auch weniger auf die grosse Bühne wagen. Auch in der Politik war es so. Wenn Mädchen nicht gelernt haben, wie politisiert wird, wie der eigenen Meinung Ausdruck verliehen wird, wie der eigene Wille durchgesetzt werden kann, dann sind weniger bereit, sich auf diese Weise zu exponieren. Besonders auch, wenn man so genau betrachtet wird und wenn die eigenen Witze – oder eben die eigene Weise zu politisieren – auf eine ganze Bevölkerungsgruppe übertragen werden.

Es scheint, als wäre diese Anfangszeit unumgänglich. Als müssten die Ersten die Rolle der Repräsentation übernehmen, bis genügend andere da sind und bemerkt wird, dass mehr Individualität da ist, als angenommen wurde. Es braucht Zeit, damit eine neue Normalität entstehen kann.

ELISABETH KOPP verband mit ihrer Wahl weniger einen persönlichen Erfolg. Für sie stellte es vielmehr eine Anerkennung der Leistungen aller Frauen dar, die auf den verschiedenen politischen Ebenen der Schweiz aktiv waren.[86] Mit ELISABETH KOPP im Bundesrat waren Frauen zum ersten Mal tatsächlich auf allen Ebenen vertreten.

Nachdem ELISABETH KOPP etliche Hände geschüttelt und Wangenküsse verteilt hatte, ging sie von Applaus begleitet nach vorne zum Mikrofon. Um sie herum standen Fotografen und knipsten eilig. «[...] Herr Präsident, meine Damen und Herren. Ich kann Ihnen aus naheliegenden Gründen nicht versprechen im Bundesrat meinen Mann zu stellen», die Anwesenden lachten, «was ich ihnen jedoch zusagen kann ist, dass ich alles tun werde, um das was als Frau und als Mensch in mir steckt aufzubieten. In diesem Sinne erkläre ich Annahme der Wahl.» Nach erneutem Applaus stand sie einige Sekunden später zwischen zwei Weibeln (= Amtsdiener) und hob die Hand mit den Worten «Ich schwöre es.»[87] «Die Leute mussten damit fertig werden, dass jetzt plötzlich auch eine Frau im Bundesrat sitzt. Die Romandie nahm es selbstverständlicher als die Deutschschweiz. Und

Abb 4: Vereidigung der ersten Frau zur Bundesrätin

---

86   Elisabeth Kopp. Eine Winterreise. (Regie: ANDRES BRÜTSCH, Dokumentarfilm, Schweiz 2007).

87   Elisabeth Kopp. Die erste Bundesrätin. 02.10.1984, in: Archiv des Schweizer Radio und Fernsehen (mp4-Datei).

in der Deutschschweiz freuten sich die Frauen mehr als die Männer», erzählt ELISABETH KOPP.

Dadurch, dass sie als erste Bundesrätin eine Neuheit und somit für die Journalist*innen interessanter war als ihre Bundesratskollegen, bekam sie eine viel grössere mediale Aufmerksamkeit. Dies führte wiederum zu Eifersucht. Nach drei Jahren im Amt habe die *Schweizer Illustrierte* eine Ausgabe, mit ihr auf der Titelseite, herausgebracht. «Die neue Nummer Eins im Bundesrat ist eine Frau: Elisabeth Kopp!», habe der Titel gelautet, erzählt sie. Als sie das gesehen habe, habe sie bereits gewusst, dass das nicht gut kommen würde. In der nächsten Ratssitzung habe sie diesen Artikel dann zu spüren bekommen. «Ich konnte es fühlen. Ich trat nicht etwa in einen Kühlschrank, als ich das Sitzungszimmer betrat, sondern in einen Deep-Freezer», erinnert sich ELISABETH KOPP. Sie sagt, sie hätte allgemein lieber weniger mediale Aufmerksamkeit gehabt. Besonders gegen Ende ihres Rücktritts, als die Eifersucht so gross wurde und sie sehr darunter gelitten hatte. Es war sehr viel Neid da. Neid auf den Erfolg, den sie gehabt hatte und Neid auf die Aufmerksamkeit, die sie bekam.

Was sie auch immer tat, was auch immer um sie herum geschah, das Medienecho war immer viel grösser als bei einem Mann. «Was macht sie jetzt? Was zieht sie an?», das sei alles stets ein Thema gewesen, erzählt sie. Sie habe sich selbst sehr unter Leistungsdruck gesetzt, dass sie bei Vorlagen alles bis ins kleinste Detail wusste. Es sei vermerkt worden, dass sie dossiersicher und sicher im Auftreten sei, erklärt ELISABETH KOPP. Da sie überall, wo sie auftauchte, von einem Blitzgewitter von Journalist*innen begleitet war, habe sie versucht, «im Rahmen des Möglichen immer halbwegs gut auszusehen»[88].

ELISABETH KOPP erzählt, dass ihr Ehemann ein guter Anwalt gewesen sei, der als junger Anwalt von Luzern nach Zürich kam. «Wenn du einen wirklich schwierigen Fall hast, dann musst du zu Kopp gehen», habe man bereits zwei Jahre später gesagt. «Es entstand eine Eifersucht auf ihn und dann wurde ich noch Bundesrätin! Irgendwo war das für die guten Schweizer einfach zu viel», erzählt ELISABETH KOPP. «Es hat nie jemand gesagt, ich hätte das Amt nicht gut ausgeführt. Ich habe überall nur Lob bekommen und das hat meine Kollegen sicher auch noch muff gemacht. Ich war einfach interessanter als erste Frau. Da kann ich ja auch nichts dafür.» Doch so hoch sie in den Himmel gelobt wurde, so tief liess man sie fallen.

«Wir hatten damals Nachbarn, die ein Kind hatten, das drogenabhängig war. Und diese Drogenhändler haben natürlich wahnsinnig Geld abgeschöpft. Diese mussten das Geld [...] waschen, damit man das Geld brauchen konnte. Ich habe dann eine Strafnorm gegen das gemacht. Das kam, soweit ich mich richtig besinne, gar nicht mehr zur Behandlung. Gewisse Banken und Firmen waren damit natürlich überhaupt nicht einverstanden. Dann kam eine persönliche Mitarbeiterin von mir - also keine Bundesbeamtin - zu mir und sagte mir: "Du, dein Mann sitzt in einem Verwaltungsrat und diese Firma

---

88 Gespräch mit ELISABETH KOPP, Zumikon, vom 27.08.2020. Audioaufnahme im Besitz der Autorin.

wird der Geldwäscherei verdächtigt." "Das kann ich jetzt weiss Gott nicht auch noch brauchen", dachte ich und rief meinen Mann an. "Hör mal, stimmt das?". "Nein, das ist eine total korrekte Firma. Da ist alles in Ordnung, da kannst du dir sicher sein. Aber wenn du möchtest, dann trete ich zurück." Das machte er dann auch. Danach brach eine wahnsinnige Welle los. [Es wurde behauptet,] ich hätte das Amtsgeheimnis verletzt. Das war ein völliger Unsinn, denn ich habe das nicht aus meinem Amt, sondern von der persönlichen Mitarbeiterin. Dass sie das indirekt aus dem Amt erfahren hat, habe ich erst ein halbes Jahr später überhaupt erfahren. Eine Welle der Entrüstung brach los. Und dann wurde es mir zu bunt. Der eigenen Partei kam es nicht einmal in den Sinn, mit mir zu sprechen oder was man machen könnte, wenn die Presse wild gegen mich hetzt. Ich war einfach mausalleine. Dann dachte ich mir, es reicht mir jetzt wirklich und erklärte meinen Rücktritt. Mein Mann sagte: "Du machst den grössten Fehler" und vielleicht hat er recht gehabt, aber ich hatte wirklich die Nase voll. Es war so viel Neid da. [...] Ich mochte die Gesellschaft einfach nicht mehr sehen», erzählt ELISABETH KOPP.

ELISABETH KOPP sagt, sie habe doch nie gedacht, dass ihre Mitarbeiterin das über x-Wege aus einem Amt erfahren hatte. «Sie hatte einen Freund, der bei einer Bank arbeitete. Ich dachte, sie habe das von dort her. Niemand, auch mein Generalsekretär nicht, wäre auf die Idee gekommen, dass das aus der Bundesanwaltschaft kommen könnte, denn das ist eine geschlossene Gruppe von Leuten, mit denen ich fast nie etwas zu tun gehabt hatte. Aus naheliegenden Gründen. Es ist nicht wie ein Justizdepartement oder so etwas. Die Bundesanwaltschaft ist etwas Spezielles.»[89]

Später wurde ein Strafverfahren wegen Amtsgeheimnisverletzung gegen sie eingeleitet. Sie wurde deswegen vor das Bundesgericht gestellt und schliesslich freigesprochen. «Es war so klar und alle haben das Gleiche ausgesagt, dass kein Mensch auf die Idee gekommen wäre, dass es überhaupt [aus der Bundesanwaltschaft stammen könnte]. Aber das nützte dann auch nichts mehr. Sie haben mir nicht einmal eine Entschädigung bezahlt oder nur ganz eine schäbige, mit der Begründung, ich hätte bei meiner Mitarbeiterin nachfragen müssen, woher sie das hatte. Aber so wie ihre Stellung war und mit ihrem Freund, der in der Bank arbeitet, kam niemand von uns auf die Idee, dass das eine Amtsgeheimnisverletzung sein könnte. [...] Mein Mann sagte mir noch: "Die müssen dich freisprechen, es ist nicht anders möglich, so wie das abgegangen und aktenmässig belegt ist. Aber irgendetwas werden sie dir schon noch anhängen" und so war es dann auch.»[90]

Es war eine wahnsinnig schwere Zeit für ELISABETH KOPP. «Aber, ich habe es überstanden und bin immer noch da. Ich würde einige Dinge anders machen, wäre vielleicht etwas vorsichtiger, aber ich weiss es ja nicht.»

---

89 Gespräch mit ELISABETH KOPP, Zumikon, vom 27.08.2020. Audioaufnahme im Besitz der Autorin.
90 Gespräch mit ELISABETH KOPP, Zumikon, vom 27.08.2020. Audioaufnahme im Besitz der Autorin.

Für viele Frauen in der Schweiz war der Rücktritt von Elisabeth Kopp als Bundesrätin schrecklich. Monika Stocker meint: «Das war schon tragisch für uns Frauen, dass ausgerechnet die erste Bundesrätin wegen ihrem Ehemann das Amt verliess. Das war wirklich ein Bruch.»[91] Wäre es ebenfalls so weit gekommen, wenn Elisabeth Kopp ein Mann gewesen wäre?

6.5 Der Kampf der Bundesratskandidatinnen[92]

«136 Jahre lang regierten die Männer alleine, 117 Bundesräte kennt die Schweiz und nur sieben davon waren weiblich»,[93] heisst es in der SRF Dokumentation *Die sieben Bundesrätinnen der Schweiz* von 2018. Unterdessen sind noch zwei weitere dazugekommen.

Als der SP-Bundesrat René Felber (NE) im Januar 1993 seinen Rücktritt bekannt gab, waren Christiane Brunner (SP, GE) und Francis Matthey (SP, NE) im Rennen um den frei werdenden Bundesratssitz. Von ihm hörte man nicht gross in den Medien, von ihr schon. Von ihrem feministischen Engagement fühlten sich viele provoziert. 1969 gründete sie mit anderen die *Frauenbefreiungsbewegung* (FBB). Die *Weltwoche* schrieb: «Eine Gewerkschafterin mit schmaler Kinderhand und grossen Augen in den Bundesrat?». Und der *Blick*: «5 Kinder. 3 Männer. Karriere im Turbo. Harmonie perfekt. Doch Bern tuschelt weiter.» Als die SP sich dazu entschloss, Brunner als einzige Person ins Rennen zu schicken, wurde behauptet, dass es Nacktfotos von ihr gäbe (in einer Zeit, in der das Internet erst aufgekommen ist) und, dass sie abgetrieben habe (damals waren Schwangerschaftsabbrüche verboten). Francis Matthey wurde gewählt. Nach einer Bedenkzeit lehnte er die Wahl ab. Hätte er es nicht getan, hätte ihm vermutlich der Parteiausschluss gedroht. Daraufhin entschloss sich die SP, eine weitere Frau aufzustellen - Ruth Dreifuss (SP, GE). Zusammen mit Christiane Brunner trat sie nun für den Sitz an. Dreifuss entsprach eher den bürgerlichen Vorstellungen einer Frau für solch ein Amt und erschien weitaus unproblematischer.[94] In *Die 7 Bundesrätinnen der Schweiz* sagt sie: «Ich beruhige die Leute, weil ich etwas bieder aussehe und das ist nur, weil ich mich nicht dafür interessiere, wie ich aussehe.» Ausserdem würde sie dem entsprechen, was von einer Frau in der Politik erwartet werde: ledig, keine Familie. «So etwas zwischen Mann und Frau, das alles geopfert hat und dadurch vielleicht einen Anspruch auf Anerkennung hat.» Beide Gründe sind sehr schockierend. Als Bundesrätin setzte sie sich für die Mutterschaftsversicherung, das Ehegattensplitting und die Erziehungsgutschriften ein. Sie war die erste Bundespräsidentin der Schweiz.

Brunners gescheiterte Bundesratswahl löste in der Schweiz eine Protestbewegung aus, «die zu einem Anstieg der Frauenanteile auf kantonaler und kommunaler Ebene in der

---

91 Gespräch mit Monika Stocker. Zürich, vom 22.08.2020.

92 Dieses Unterkapitel basiert auf: Die 7 Bundesrätinnen der Schweiz. Frauen in der Politik. (Regie: Belinda Sallin. Produktion: Monika Zingg. Dokumentarfilm, Schweiz 2018)

93 Die 7 Bundesrätinnen der Schweiz. Frauen in der Politik. (Regie: Belinda Sallin. Produktion: Monika Zingg. Dokumentarfilm, Schweiz 2018)

94 https://www.workzeitung.ch/2021/01/christiane-brunner-die-nichtwahl/ (15.03.2022; 12:33)

Schweiz führte»[95] - auch als *Brunner-Effekt* bekannt. Seit der Einführung des Frauenstimmrechts hatte es bis dahin in der Schweiz diese grosse Solidarisierung von Frauen nicht mehr gegeben. Nach der Nicht-Wahl wurde die Volksinitiative *für eine gerechtere Vertretung der Frauen in den Bundesbehörden* initiiert und das *Frauen in den Bundesrat* Initiativkomitee gegründet.[96]

RUTH METZLER (CVP, AI) wurde 1999 in den Bundesrat gewählt. Somit waren im Bundesrat erstmals zwei Frauen. METZLER erzählt, dass, auch wenn DREIFUSS und sie verschiedene Dinge vertreten hatten, sie doch ein gewisses Gespür für einander gehabt hätten. Als es 2003 um ihre Wiederwahl ging, verlor sie wegen fünf Stimmen gegen CHRISTOPH BLOCHER (SVP, ZH). Die Bundesratskandidatin CHRISTINE BEERLI (FDP, BE) wurde ebenfalls nicht gewählt. Statt drei Frauen sass bloss noch eine, die 2002 gewählte MICHELINE CALMY-REY (SP, GE), im Bundesrat. Bis zur Wahl von DORIS LEUTHARD (CVP, AG) im 2006 blieb sie die einzige Frau.

2010, ein Jahr vor CALMY-REYS Rücktritt, waren vier von sieben Bundesratsmitglieder Frauen. Neben ihr und LEUTHARD waren dies EVELINE WIDMER-SCHLUMPF (2007 gewählt, (SVP/BDP, GR)) und SIMONETTA SOMMARUGA (2010 gewählt, (SP, BE)).

WIDMER-SCHLUMPF wurde 2007 anstelle des damaligen Bundesrates und offiziellen Kandidaten CHRISTOPH BLOCHER in den Bundesrat gewählt. Sie fragte ihn, ob sie die Wahl annehmen sollte. Er meinte, dass sie dies selbst zu entscheiden habe. Trotzdem führte ihre Annahme der Wahl zum Bruch mit ihrer Partei, der SVP. Die *SVP Graubünden* weigerte sich, WIDMER-SCHLUMPF aus der Partei auszuschliessen. Da es der *SVP Schweiz* nicht möglich war, eine Einzelperson einer Kantonalpartei auszuschliessen, entschloss sie sich die gesamte *SVP Graubünden* auszuschliessen. Diese wurde dann zur *Bürgerlich Demokratischen Partei*, kurz BDP.[97]

ROSMARIE ZAPFL-HELBLING erzählt, dass im Rat und in der Bevölkerung nach dieser Wahl viel Schlimmes über EVELINE WIDMER-SCHLUMPF gesagt wurde. Ihr und anderen Frauen sei klar gewesen, dass etwas gemacht werden musste, da dieser Hass zu gross wurde. «Wir sassen zusammen – ich war da bereits Präsidentin der *Alliance f*.»[98] Die evangelischen Frauen, katholischen Frauen, Bauerfrauen, die gemeinnützigen Frauenbünde, einfach alle, die in der *Alliance f* zusammengeschlossen waren, hätten miteinander telefoniert. Sie beschlossen eine Demonstration zu machen. Es musste sofort passieren. Da der darauffolgende Samstag bereits für eine andere Demonstration vergeben war, bekamen sie für den Freitag eine Bewilligung. Daraufhin musste Geld für die Bühne und Lautsprechanlagen gesammelt werden und Menschen, die eine Rede halten wollten, ge-

---

95   https://de.wikipedia.org/wiki/Brunner-Effekt (19.03.2022; 22:16)

96   Dieser Abschnitt beruht auf: https://de.wikipedia.org/wiki/Brunner-Effekt (19.03.2022; 22:16)

97   https://de.wikipedia.org/wiki/B%C3%BCrgerlich-Demokratische_Partei (18.03.2022; 16:06)

98   Gespräch mit ROSMARIE ZAPF-HELBLING, Rüti ZH, vom 22.07.2020. Audioaufnahme im Besitz der Autorin.

funden werden. An jenem Freitag sei das Wetter schlecht gewesen. Es habe geregnet, erzählt ROSMARIE ZAPFL-HELBLING. Man habe gedacht, dass niemand kommen würde. Doch als sie auf den Bahnhof in Zürich gekommen sei, habe es eine Durchsage gegeben: «Der extra Zug für die Frauendemo in Bern ist bereits besetzt, bitte nehmen Sie den nächsten Zug.» «Ich hatte Gänsehaut. Ich dachte mir, das gibt's doch nicht. [...] In Bern bin ich beinahe nicht aus dem Bahnhof gekommen, um auf den Bundesplatz zu kommen. Alles war mit Frauen und Männern verstopft, die an diese Demo gingen. 50'000 Leute waren es! [...] Ganz am Schluss kam [EVELINE WIDMER-SCHLUMPF]. Sie wollte nicht kommen – sie hatte Angst. Echt Angst aus, diesem Haus zu kommen, weil sie so beschimpft wurde. Die Post, die sie bekam – kann man sich nicht vorstellen.»[99]

Nach der Wahl von SIMONETTA SOMMARUGA wurde acht Jahre lang keine einzige Frau mehr in die Landesregierung gewählt. 2018 dann aber zum ersten Mal zwei Frauen gleichzeitig. Dies waren KARIN KELLER-SUTTER (FDP, SG) und VIOLA AMHERD (Die Mitte, VS).

6.6 Überparteiliche Treffen und Allianzen von Politikerinnen [100]

Frauendoppel. So nannte man LILI NABHOLZ und GRET HALLER, als sie sich zusammenschlossen, um für die zehnte AHV-Revision zu kämpfen. Den Männern sei es vor allem unangenehm gewesen, dass sich eine Sozialdemokratin und eine Freisinnige zusammenschlossen, meint LILI NABHOLZ. «Männer sind da weit weniger offen gegenüber politisch Andersdenkenden als Frauen. Ich bin überzeugt, dass Frauen weniger Hemmungen haben, über Parteigrenzen hinaus miteinander etwas verändern zu versuchen. Jeder Politiker und jede Politikerin politisiert auf dem eigenen Lebenserfahrungshintergrund. Das Frausein ist die Gemeinsamkeit, die Frauen jenseits der politischen Couleur haben», erzählt sie. Dass Frauen besser über Parteigrenzen hinweg gemeinsame Sache machen können als Männer, glaubt auch MONIKA STOCKER. Damals seien sie eben eine Minderheitengruppe gewesen, die sich gemeinsam gestärkt habe. Man hätte einander ebraucht, erzählt sie. Ob das heute noch so einfach ist, weiss sie nicht.

LILI NABHOLZ fährt fort: «Als Frau hat man gewisse Lebenserfahrungen, die anders sind als diejenigen eines Mannes. Darum reagieren sie wohl sensibler, wenn sie von Benachteiligungen betroffen sind, wie das zum Beispiel früher bei der AHV der Fall war.» Bei der AHV wurden Frauen je nach ihrem Zivilstand anders behandelt. Die nicht erwerbstätigen verheirateten Frauen hatten keinen eigenen, aber über den Ehemann abgeleiteten Rentenanspruch. AHV-mässig wurden sie aber bestraft, wenn die Ehe geschieden wurde, dann standen sie oft ohne Alterssicherung da. *Altersarmut* von Frauen hat viel damit zu tun. Bei der *10. AHV-Revision* sei darum ein radikaler Systemwechsel

---

99 Gespräch mit ROSMARIE ZAPF-HELBLING, Rüti ZH, vom 22.07.2020. Audioaufnahme im Besitz der Autorin.

100 Dieses Unterkapitel beruht auf den Gesprächen mit LILI NABHOLZ, ELISABETH ZÖLCH, GABRIELLE NANCHEN, LENI ROBERT, MONIKA WEBER, MONIKA STOCKER.

mit der Zivilstandunabhängigkeit eingeführt worden. Das habe viel politisches Engagement verlangt. LILI NABHOLZ glaubt, dass diese Revision nie und nimmer durchgekommen wäre, wenn sie nur von SP oder nur von freisinniger Seite gekommen wäre.

Diese Allianzen-These bestätigt auch ELISABETH ZÖLCH. Sie meint, man müsse sich zusammenschliessen und Kompromisse machen, weil keine Partei die absolute Mehrheit habe. Es habe immer wieder Allianzen gegeben. Auf ihrer Seite vor allem mit bürgerlichen oder freisinnigen Frauen. Grenzüberschreitend, aber eigentlich auch, meint sie.

«Am Anfang war es gang und gäbe, dass man über die Parteien hinaus zusammenhielt. Anfangs ging es aber auch noch mehr um sogenannte *Frauenthemen* und dann fand man sich noch eher», sagt LENI ROBERT. Das würde aber nur bei solchen spezifischen Themen gehen. Wenn es hingegen um beispielsweise Atomkraftwerke geht, würden einfach die Ansichten der eigenen Partei vertreten werden. Diesfalls gäbe es keinen Graben zwischen Männern und Frauen, erklärt sie.

Im Grossrat hätten sie Frauen sich regelmässig getroffen, um Vorstösse zu besprechen, hinter denen alle stehen konnten, erzählt LENI ROBERT. Man habe aber natürlich auch eine gewisse Parteitreue gehabt. Die Hauptsache sei einfach immer eine gemeinsame Basis gewesen. «Wir sind Frauen und wir wollen alles, das wir machen mit der Sicht anschauen, was es für Frauen bedeutet. Auf städtischer, kantonaler, nationaler und europäischer Ebene», erzählt sie. Das sei die Grundüberzeugung gewesen. Stets zu schauen, was es für die bedeutete, die das Recht nicht besassen und ihnen dann zu diesem Recht zu verhelfen. Die beste Zeit sei die gewesen, in der sie Frauen etwas zusammen ausgeheckt hatten, meint LENI ROBERT.

«1971 gab es keine überparteilichen Gruppen von Politikerinnen. Man war in erster Linie ein Mitglied einer Partei. Meine Freundinnen waren Sozialdemokratinnen – es gab drei andere Sozialistinnen. Mit ihnen fühlte ich mich verbunden. [...] Jede Frau war 1971 ihrer Partei treu. Wir wollten es so machen, wie es bekannt war. Wir wollten das Spiel einfach richtig spielen, so wie die männlichen Politiker. Wir wollten das gleiche Spiel wie sie spielen. Nachdem 1975 neue Frauen gekommen waren, bildeten wir Frauengruppen. MONIQUE BAUER-LAGIER, eine *Freisinnige*, und ich haben zusammen mit einer *liberalen* Frau, CVP Frauen und einer *kommunistischen* Frau eine kleine Gruppe gegründet», erzählt GABRIELLE NANCHEN.

MONIKA STOCKER erzählt, wie es 1987 im Nationalrat war: «Einmal pro Session trafen sich alle Frauen zu einem Lunch. Da kamen auch die bürgerlichen Frauen. [...] Man sprach darüber, was wir gemeinsam machen können. Ich denke, dass das heute kaum mehr denkbar ist. Damals dachte man noch: "Wir Frauen", egal ob [Links], [Mitte] oder [Rechts]. So ein wenig das Zusammensein.»

«Ich erinnere mich, dass wir beim *Scheidungs- und Eherecht* fraktionsübergreifend zusammenkamen und gemeinsam besprachen. Aber im Kantonsrat kann ich mich nicht mehr daran erinnern. Vielleicht war es auch nicht so zwingend», meint MONIKA WEBER.

Auch beim *straflosen Schwangerschaftsabbruch* und bei der *Finanzierung von Kinderkrippen* hätten sie sich über die Parteigrenzen zusammengeschlossen, sagt LILI NABHOLZ. «Es gab auch Themen, die nichts mit *Frauenfragen* zu tun hatten, bei denen es zu parteiübergreifenden Zusammenschlüssen gekommen ist. Das konnte auch aussenpolitische Themen betreffen, oder im Zusammenhang mit dem Budget stehen.» Einmal habe man das Budget für die Eidgenössische Kommission für Frauenfragen massiv kürzen oder gar streichen wollen. Da hätten Frauen über die Parteigrenzen hinaus gesagt, dass das nicht infrage komme, erzählt sie.

«Es ging immer darum, dass man Frauen unterschiedlicher Parteien und Herkunft an einen Tisch bringt und denjenigen Standpunkt, welcher für Frauen generell gut ist, bespricht. Das ist dann mit der Zeit versandet, weil Frauen, vor allem auf der bürgerlichen Seite, viel parteitreuer wurden und nicht mehr so *frauenorientiert* waren», erklärt LENI ROBERT.

7
AKTIV POLITIK MACHEN

7.1 Das Neu-Sein [101]

«Man muss schon sehen, dass man grundsätzlich Frauen wollte. Jede Partei sagte: "Jetzt wollen wir Frauen fördern." Teile taten es, andere sprachen nur darüber. Aber dadurch, dass wir Frauen waren, hatten wir schon einen kleinen Bonus», erzählt ELISABETH ZÖLCH.

«Die Männer waren sehr interessiert, ob wir andere Dinge sagen als sie», erzählt MONIKA WEBER. «Wie machen die das, wie formulieren sie dies.» Es sei eine sehr freudige Stimmung gewesen, erzählt sie. Man müsse aber auch sagen, dass von Frauen, sehr viel erwartet wurde. In allen Kommissionen habe mindestens eine Frau sein müssen - wobei sie nicht müssen im Sinne von Quoten meint, sondern, dass man einfach überall Frauen haben wollte - und in den Parteien seien sie auf allen Stufen gewesen. Da es wenige Frauen gegeben habe, hätte man alle, die da waren, nutzen müssen, schliesslich habe man wissen wollen, was Frauen denken. Es sei aber auch eine ganz andere Situation als heute gewesen. Frauen hätten die typisch *weiblichen* Themen gehabt – soziales, Erziehung und Ähnliches. Am Anfang hätten sie vor allem zu solchen Themen Stellung genommen. Irgendwie wurde von Frauen erwartet, dass sie zu diesen Themen Stellung beziehen. Schliesslich waren dies die Themen, die man mit Frauen verband. Es habe aber auch Frauen - wie REGULA PESTALOZZI - gegeben, die über andere Dinge sprachen. Männer hätten Wirtschaft, Finanzen und andere starke Dinge gehabt, erzählt sie. Wobei Männer natürlich auch zahlenmässig stärker in den *weiblichen* Themengebieten vertreten waren. Auch wenn diese Männer interessiert daran gewesen seien, was diese Frauen zu sagen hatten, hätten Äusserlichkeiten doch noch eine grössere Rolle gespielt.

Das Neu-Sein war natürlich auch für die Presse attraktiv. Frauen bekamen so bei ihrem Einstieg viel mehr mediale Aufmerksamkeit als ihre männlichen Kollegen. Dies konnte natürlich gut und schlecht sein. Da man überproportional oft von Medien angefragt wurde, hatte man die Chance, diese Aufmerksamkeit des Fernsehens und Radios für die eigenen Anliegen zu nutzen.

«Schon als kleines Kind hatte ich, vielleicht stärker als andere, das Bedürfnis, von den anderen wahrgenommen und anerkannt zu werden. Die offizielle Politik mit ihrer starken Vereinnahmung durch die Medien bietet eine ausgezeichnete Gelegenheit, sich ins Blickfeld zu rücken. Ohne irgend etwas dazuzutun, war ich plötzlich ein Star. Meine unbedeutendste Erklärung wurde von der Presse weitergegeben. Das Fernsehen liess sich die Gelegenheit nicht entgehen, seinen Zuschauern, die an Bilder von Männern aus dem Bundeshaus gewöhnt waren, Frauengesichter, und darunter auch meines, zu zeigen. Ich erhielt zahlreiche Briefe aus der ganzen Westschweiz, in denen man mir gratulierte, dankte, mich ermutigte. Ich hatte den Eindruck ungeheuer geli-

---

101 Dieses Unterkapitel beruht auf den Gesprächen mit Elisabeth ZÖLCH, MONIKA STOCKER, MONIKA WEBER und ELISABETH ZÖLCH.

ebt zu werden. [...] Ich weiss, dass das nicht Liebe war, ich weiss es heute, aber damals war ich mir dessen nicht bewusst. Nicht ich wurde geliebt, sondern die Macht, die man mir zuschrieb. [...] Was ich hier sage, mag übertrieben scheinen. Aber all jene, die wissen, wie einsam ein Politiker ist, wenn er seine Wähler verloren hat, wenn sein Briefkasten hoffnungslos leer und sein Telefon stumm bleibt, teilen bestimmt meine Meinung»[102], so GABRIELLE NANCHEN in *Amour et povoir*.

ELISABETH ZÖLCH war im Nationalrat eine Zeit lang die einzige Frau in der SVP und ihrer Fraktion. Sie hatte deshalb in der ganzen Schweiz viele Auftritte. Das seien auch Fernsehauftritte gewesen, erzählt sie. Es war ein Vorteil, dass man als einzige Frau viel mehr Plattformen bekam und eine grössere Medienpräsenz hatte. Man sei eben kein *Mauerblümchen* gewesen, das versuchen musste, sich über gescheite Postulate einen Namen zu machen, erklärt sie. Es seien einem als Frau viele Podien und Anfragen für Vorträge geboten worden, bei denen man sich bekannt machen konnte. Als Frau sei man einfach gefragter gewesen, weil man eine Seltenheit war, erzählt sie. Ein Nachteil sei aber ganz klar gewesen, dass man als Frau viel strenger und anders als Männer beurteilt wurde. Heute sei das vermutlich immer noch so, wenn auch nicht mehr so stark wie damals, meint ELISABETH ZÖLCH. Als Frau würde man einfach mehr und genauer beobachtet werden, sei das bei der Kleidung oder beim Auftreten.

7.2 Frau nicht gleich Frau [103]

Nachdem ROSMARIE ZAPFL-HELBLING vier Jahre lang im Stadtrat in Dübendorf war, wurde eine zweite Frau gewählt. Sie habe sich damals gedacht, wie toll das sei, nun habe sie endlich eine, die sie bei ihren Anliegen unterstütze. Dann kam es aber nicht ganz so wie erwartet. «Die Frau hatte keine eigene Meinung, sie übernahm nur die der Männer. Das ist ein grosses Problem zum Thema Frauen. Diese Angst, die Liebe der Männer zu verlieren: "Wenn ich denen nicht sage: 'Ja, du hast recht, ist gut', dann mögen sie mich nicht mehr." Das ist eine ganz, ganz grosse Angst. Vermutlich ist es heute noch so, dass man viel macht, was der Mann sagt, um nicht seine Zuneigung und Liebe zu verlieren. Ich brauche doch dem seine Zuneigung und Liebe nicht! Wenn ich etwas durchbringen möchte, das ihm nicht passt, dann versuche ich es durchzubringen und sage nicht: "Ja, ja, du hast schon recht, dann machen wir das nicht."»[104]

Auch wenn eine zweite Frau nicht immer eine Verbündete ist, hätte sich ELISABETH KOPP nichtsdestotrotz gewünscht, eine zweite Frau im Bundesrat zu haben. Nicht weil sie alles gleich sehen würden, aber weil sie bei Problemen, die Frauen betreffen, vielleicht etwas andere Prioritäten setzen würden. Die Parteizugehörigkeit wäre ihr egal gewesen.

---

102 NANCHEN, GABRIELLE, Liebe und Macht – Gedanken zu den weiblichen und männlichen Werten, S. 164 und 165.

103 Dieses Unterkapitel beruht auf dem Gespräch mit ROSMARIE ZAPFL-HELBLING. Rüti. 22.07.2020.

104 Gespräch mit ROSMARIE ZAPF-HELBLING, Rüti ZH, vom 22.07.2020. Audioaufnahme im Besitz der Autorin.

In Parlamenten mit mehr als einer Politikerin wurde rasch bemerkt, dass *Frau nicht gleich Frau* ist, sondern Frauen genau wie Männer unterschiedliche Meinungen vertreten.

7.3 Kommissionen, Präsidienverteilung und «Männerdomänen»[105]

Männer hatten sich Jahrhunderte lang zu verschiedenen Themen geäussert. Von Frauen schien man nun aber bloss gewisse Themen zu erwarten. Das zeigte sich auch bei der Verteilung der Kommissionen. Stets war bewusst, dass es sich bei den Neuankömmlingen um Frauen handelte. GABRIELLE NANCHEN erzählt, dass ihr keine prominenten Kommissionen wie Wirtschaftspolitik oder Aussenpolitik vorgeschlagen worden seien. Sie wurde in die Kommission, die sich mit Sozialpolitik beschäftigte, ernannt. Das gefiel ihr sehr gut, denn sie hatte Sozialwissenschaften und Sozialarbeit studiert.

Auch ELISABETH ZÖLCH erzählt von dieser Grundeinstellung der Männer damals. Zwar habe man es grossartig gefunden, dass Mülethurnen eine erste Gemeinderätin habe. Es sei auch gross in den Zeitungen gekommen. Als es aber um die Departementszuteilung ging, habe man ihr *Fürsorge und Vormundschaft* gegeben. Auch wenn ihr dies nicht gefiel, nahm sie es hin. Später (1994 - 2006) stand ELISABETH ZÖLCH dem *Volkswirtschaftsdepartements* des Kantons Bern als Regierungsrätin vor.[106]

ROSMARIE ZAPFL-HELBLING ist es im Gemeinderat Dübendorf ebenfalls ähnlich ergangen, als es um die Verteilung der Positionen in der Fraktion ging. «Die Frau Zapfl kann doch zählen», hätten sie gesagt und so kam es, dass sie im ersten Jahr *Stimmenzählerin* war. Sie habe also an allen Bürositzungen teilgenommen und das ganze Geschehen etwas kennenlernen können. Dass man sie zur Stimmenzählerin gemacht hat, ist nicht weiter verwunderlich. Man dachte, dass solche Arbeiten einer Frau entsprächen, dass sie diese auch gerne erledigen würde. Dass Frauen vermutlich lieber das Protokoll schrieben oder Stimmen zählten, anstatt selbst zu debattieren. Es geht hier nicht um Böswilligkeit. Diese Männer taten das nicht, um Frauen zuleide zu werken. Dieses Geschlechterdenken war in ihre Köpfe eingebrannt. Heute ist dieses Denken viel abgeschwächter als damals. Das liegt daran, dass sich Menschen für die Änderung dieser Ansichten eingesetzt haben. Aber auch heute werden Frauen öfter Sekretärinnen als Firmenchefinnen. Das liegt an den wenigen weiblichen Vorbildern und an der Familienplanung, die in die Berufswahl hineinspielt. Viele Frauen geben immer noch berufliche Träume auf, um den Traum einer eigenen Familie zu verwirklichen – eine Entscheidung, die ein Mann nicht auf seinem Radar hat.

---

105 Dieses Unterkapitel beruht auf den Gesprächen mit GABRIELLE NANCHEN, ELISABETH ZÖLCH, ROSMARIE ZAPFL-HELBLING, LENI ROBERT, GABRIELLE NANCHEN, MONIKA STOCKER und LILI NABHOLZ.

106 https://www.rr.be.ch/rr/de/index/hintergrundwissen/hintergrundwissen/ehemalige_mitglieder/1990-2010/zoelch_elisabeth.html (13.10.2020).

Ein Jahr später wurde Rosmarie Zapfl-Helbling als zweite Vizepräsidentin gewählt, ein weiteres Jahr später als erste Vizepräsidentin. Als der Präsident, ein damals beinahe achtzigjähriger Mann, nahezu das ganze Jahr krankheitsbedingt im Spital war, musste sie als Vizepräsidentin und Stellvertreterin das Präsidium übernehmen. Sie erzählt, dass eines Tages ihr Ehemann nach Hause gekommen sei und erzählt habe, dass er Herrn so-und-so getroffen habe. Dieser habe gesagt: «Herr Zapfl, dass sich ihre Frau traut, auf diesen Bock hinauf zu sitzen!». Diese Männer hätten es einfach nicht verstehen können, dass sich eine Frau traute, auf den Bock des Präsidenten zu sitzen, fährt sie fort. Es schien schwer vorstellbar, dass auch Frauen Macht innehaben können oder wollen. Verantwortung zu übernehmen als Frau, bezog sich auf Haus und Kinder, nicht aber auf den Staat.

Manchmal hatten aber auch Frauen selbst vor gewissen Dingen Angst. Jedes Mal vor den Wahlen gäbe es ein grosses Hearing, bei dem sämtliche Parteien auf einem Podium ständen und von den wichtigsten Tageszeitungen Berns befragt werden würden, erzählt Leni Robert. Die Frauen hätten Angst gehabt, dass sie nicht antworten könnten, da es um Baufragen ging. Jemand habe zu ihr gesagt, dass ihr Vater doch Ingenieur und ihr Ehemann ebenfalls einer gewesen sei; dann könne sie doch auf dieses Podium gehen. Sie habe sich gedacht, nun gut, dann gehe sie. Hemmungen hätte sie keine gehabt. Sie habe einfach stur ihre Meinung gegen die anderen vertreten. Später habe sie der Redaktor von *Der Bund* gelobt und gesagt, dass Frauen nicht nur über Kinder, Handarbeit und solche Dinge sprechen könnten, sondern auch über ernsthafte *Männergeschichten*, wie Bauen und Autos. Es war überraschend, wenn eine Frau in einem *Männergebiet* eine Ahnung hatte – das gibt es auch heute noch, so gilt es als überraschend, wenn Frauen viel über Autos wissen. Frauen wurden unterschätzt.

Gabrielle Nanchen erinnert sich, dass die Politiker gelächelt hätten, wenn sie am Redner*innenpult gestanden habe. Doch sie kümmerte sich nie gross darum, was dieses Lächeln zu bedeuten hatte. «Lächelten sie, weil sie mich vielleicht schön fanden, spotteten sie oder lächelten sie, weil ich eine junge Frau war?», fragte sie sich. Welche Bedeutung das Lächeln dieser verschiedenen Männer tatsächlich gehabt hatte, ist schwierig zu sagen. Vermutlich waren es alle drei genannten Dinge. Der eine lächelte wegen Ersterem. Der andere wegen Zweiterem und ein weiterer wegen Letzterem. Vielleicht gab es auch Männer, die aufmunternd lächelten oder lächelten, weil sie stolz waren, dass jetzt Frauen im Nationalrat sind, wer weiss. Aber einen Mann hätten sie nicht so angelächelt.

Auch Monika Stocker hat eine ähnliche Erfahrung gemacht. Als sie einmal vom Redner*innenpult zurück an den Platz ging, habe sie gehört, wie ein Ratskollege zu einem anderen Ratskollegen sagte: «Wie auch diese *Meiteli* sprechen können!». Sie war damals vierzig.

Man(n) war beeindruckt und überrascht, wertschätzend, aber verniedlichend. Frauen bekamen nicht den gleichen Grundrespekt. Sie wurden unterschätzt. Von ihnen wurde nicht die gleiche Kompetenz erwartet.

Leni Robert erzählt, dass es einmal im Grossrat in Bern darum gegangen sei, dass eine sogenannte Konkordatslösung, also einen Vertrag zwischen den Kantonen, gemacht werden musste. Die *Erziehungsdirektorenkonferenz* hatte dies aufgetragen und jede Person habe einwilligen müssen, damit irgend-etwas in der *Bildungspolitik* koordiniert werden konnte. Plötzlich habe es im Rat eine Diskussion gegeben, was man wie schreiben und ob man es ändern sollte. Sie habe sich dann gemeldet und gesagt, dass das ein Konkordat sei und sie nur ja oder nein zu sagen hatten. Wenn es einem nicht passe, dann heisse das, dass man nicht beitrete und wenn es einem passe, dann andersrum. Doch die Diskussion sei weitergegangen, bis ein Jurist der *Bauern und Gewerbepartei* (heute SVP), aufgestanden sei und gesagt habe, dass das so festgeschrieben sei und man nicht diskutieren müsse. «Da war es plötzlich klar. Als ich etwas sagte, war nichts. So ging das vielen Frauen in vielen Geschäften und Momenten, dass man erst zuhörte, wenn ein Mann dasselbe sagte. Man unterschätze die Frauen stark, dachte, sie seien alle politische Leichtgewichte», erzählt sie. Ihr wurde dieses Fachwissen nicht zugetraut und niemand wollte sich eingestehen, dass sie – eine Frau – ein grösseres Wissen besitzen könne als man(n) selbst. Auch heute gibt es viele Frauen, die von solchen Sitzungsmomenten berichten. Frauen werden oft immer noch unterbewusst als weniger kompetent wahrgenommen.

Monika Stocker erzählt, dass es nicht etwa ein Rechts-Links Ding gewesen sei. Auch linke Männer hätten manchmal komisch reagiert, einen nicht ganz ernst genommen oder seien manchmal, wenn man etwas sagte, nicht darauf eingegangen. Erst dann, wenn ein Mann später genau das Gleiche sagte, sei es richtig gewesen. «So ganz komisch», meint sie. Mit der Machtfrage habe man sich auch nicht so auseinandergesetzt. «[Man dachte sich:] "Frauen sind vermutlich noch gut für die Fürsorgebehörde oder die Schulpflege", aber wenn jemand sagte: "Ich möchte Regierungsrätin werden" oder Stadträtin oder dann erst recht Bundesrätin, sagte man: "Was ist denn das?".» Man sei einfach nur in diesen gewissen Funktionen, in denen man ganz nahe am weiblichen Rollenbild war, recht gewesen.

Frauen waren nur in begrenzten Themengebieten und Funktionen vorstellbar. Eine Frau als Präsidentin? Unvorstellbar. Die Bereitschaft, Macht so schnell umfänglich mit Frauen zu teilen, war nicht da. Eine Frau wurde argwöhnischer betrachtet als ein männlicher Neuling. Es wurde angenommen, dass sie noch nicht ganz wusste, was sie tat und die Frage schwebte herum, ob sie überhaupt fähig für das Amt sei.

Als Frau werde man kritischer beurteilt, erzählt Lili Nabholz, daran habe man scheitern können. Im Parlament werden allen Neuankömmlingen eher weniger prestigeträchtige Kommissionssitze zugeteilt. «Als Frau musste man sich aber länger gedulden und beweisen, um aufzusteigen», meint Lili Nabholz.

Als sie in den Nationalrat kam, sassen dort bereits seit sechzehn Jahren, also vier Legislaturen, Frauen. Bei der Kommissionssitz-Verteilung habe das *Frau-Sein* aber immer noch eine Rolle gespielt. So wurde sie zu Beginn in die relativ unwichtige Petitionskommission delegiert. Einen Mann hätte man am Anfang vermutlich besser platziert, meint sie, aber da man sich überall profilieren könne, habe das keine grosse Rolle gespielt. «Als Frau kann man in politischen Gremien oft nicht auf das gleiche Netzwerk zurückgreifen wie ein Mann. Ein Mann ist bereits in einer gewissen sozialen und beruflichen Position, wenn er gewählt wird. Er ist über Verbände und Organisationen, Rotary, über das Militär und vieles andere vernetzt. Dieses Netzwerk haben die wenigsten Frauen – und ich hatte es gar nicht. Insofern hat man keine *Hausmacht* im Rücken, die wichtig ist für die politische Arbeit. [...] Das Netzwerk ist bei Frauen nach wie vor kleiner», erklärt sie.

Frauen mussten sich diese Netzwerke somit auf eine andere Art aufbauen. Die Suppentage und Kinderfeste, die ELISABETH ZÖLCH mit anderen Frauen organisierte, half ihnen ein gewisses Netzwerk aufzubauen (siehe unter Ziffer 5.4 [Frauenförderung]). «Netzwerke sind sehr, sehr wichtig und die Partei ist nur eines dieser Netzwerke. Es gibt Netzwerke in der Wirtschaft – Frauen, die sich in der Wirtschaft verbinden, Frauen und Männer, die sich in der Wirtschaft verbinden. Das ist wie ein Trampolin, auf das man springen und danach etwas erreichen kann», erzählt sie. Denn wenn man etwas erreichen möchte, muss man Leute kennen, braucht gewisse Verbindungen. Das Ziel eines Netzwerks: gegenseitiger Profit. Für eine Karriere kann ein gutes Netzwerk wichtig sein. Wenn man die richtigen Leute kennt, wird vieles einfacher.

LILI NABHOLZ erzählt, dass sie einmal aufgrund ihrer Anciennität ein Kommissionspräsidium bekommen hätte. Wenn man eine gewisse Zeit in einer Kommission sei und es in der Fraktion um die Zuteilung des Fraktionspräsidiums gehe, dann würde die Person, die bereits am längsten in der Kommission ist, das Präsidium übernehmen. Eigentlich wäre sie aufgrund dieses Kriteriums an der Reihe gewesen, und doch habe ihr ein Mann das Präsidium streitig gemacht. Einem Mann wäre das sicher nicht passiert, meint sie. Sie habe sehr dafür kämpfen müssen, dass diese zwei Jahre, in denen man ein Kommissionspräsidium belege, zwischen ihr und dem anderen Mann aufgeteilt wurde. Beide bekamen ein Jahr. «Aber ich musste dafür kämpfen. Für einen Mann wäre es selbstverständlich gewesen, dass er das Amt bekommt, wenn er am längsten in der Kommission ist und er müsste mit keinem Kollegen teilen», erzählt sie. Von Frauen wurden Kompromisse und ein rasches Zufriedengeben erwartet. Starres Beharren wurde bei ihnen anders empfunden – negativer. Trotz farbiger Kleidung wurde man zwischen den dunklen Anzügen oft übersehen.

Diskriminierungen als Politikerin seien meist subtilere Geschichten. Das würde nicht so offen geschehen, erzählt LILI NABHOLZ. «Ich hatte das grösste Know-how in Bezug auf Genderfragen, was damals auch politisch langsam ein Thema wurde», beginnt sie. Sie war Fraktionssprecherin beim *Gleichstellungsgesetz*. Sie habe also die massgebenden Voten abgegeben, erklärt sie. In der Kommission hatte sie die *Beweislastumkehr bei Lohndiskriminierung* durchgebracht, was ein gewaltiger Schritt gewesen sei. Der damalig grösste Gegner sei vom Arbeitsgeberverband gewesen – nicht weiter verwunderlich, schliesslich konnte die Beweislastumkehr schwere Folgen für Arbeitgeber*innen haben. Der Fraktionschef entschied dann, dass dieser Mann das Fraktionsreferat halten durfte. Das wäre einem Mann nicht passiert, meint LILI NABHOLZ.

7.4 Aussenvorgelassen werden [107]

«In den Kommissionen gibt es Lobbyisten, die einem Dinge vorbereiten. Wir Frauen wurden mit dem viel weniger bedient. Ich hätte es auch nicht gewollt, aber ich dachte mir manchmal: "Was hat dieser bloss für ein Papier?". Dann sah ich, dass ihm dieser Verband geschrieben hatte und dieser und ich bekam nichts. [Es wirkte auf mich, wie] wenn man sagen würde: "Die kommen ja sowieso nicht draus, die haben ja keine Ahnung." Wenn man dann irgendwo aufgetreten ist und zeigen konnte, dass man sehr wohl drauskommt, waren sie einfach erstaunt. Ich hatte immer wieder das Gefühl, dass es wie in der Schule war. Wo man beweisen musste, dass man seine Aufgaben gemacht hat und begriffen hat, dass zwei mal zwei vier gibt. Dumme Männer - Entschuldigung für den Ausdruck - mussten dies nie», erzählt MONIKA STOCKER.

Dieses *Schachteln-Denken* von *Frau* und *Mann* bekamen die Frauen in der Politik sehr zu spüren. Die Annahme, dass Frauen nicht politisieren könnten, hatte auch nach der Einführung des Stimmrechts noch lange bestand. Auch wenn alles plötzlich so offen und fortschrittlich erschien und es wirkte, als hätte sich das Gedankengut völlig geändert, war in den Köpfen noch vieles beim Alten. Für die Lobbyist*innen waren Frauen noch nicht ganz in der Politik angekommen. Sie waren immer noch Fremdkörper – mehr zu Besuch als für den ewigen Bestand. Es war, als müssten Frauen sich den Platz, den sie sich erkämpft hatten, immer noch erarbeiten. Als müssten sie beweisen, dass sie das Stimmrecht auch wirklich gerechtfertigt erhalten hatten. Gleichviel zu investieren wie die männlichen Kollegen war zu wenig. Frauen mussten mehr leisten, um anerkannt zu werden. «Will eine Frau erfolgreich sein, muss sie aussehen wie ein Mädchen, denken wie ein Mann und schuften wie ein Pferd» - so ELISABETH KOPP 2018 in einem Gespräch mit der NZZ.[108]

ROSMARIE ZAPFL-HELBLING erzählt, dass sie und ROSMARIE DORMANN als Nationalrätinnen regelmässig in der Nacht im Keller des Bundeshauses an den Computern gesessen seien, um die Voten für den nächsten Tag vorzubereiten. «Wir mussten doch die ganzen Unterlagen studieren und schauen, was die Kommissionen und welche Anträge die Einzelnen eingebracht haben. Wenn man dazu sprechen möchte, muss man wissen, was man sagt.» Zudem berichtet sie: «Jede Frau, die Bundesrätin wurde, war dossierfest, sattelfest mit all ihren Geschäften und weiss, wovon sie spricht.»

---

107 Dieses Unterkapitel beruht auf dem Gespräch mit MONIKA STOCKER.

108 BATTHYANY, SACHA / KOCH, CAROLE, Interview mit alt Bundesrätinnen Kopp und Dreifuss: «Das Geschwätz der Männer ging auf die Nerven», in: NZZ am Sonntag vom 01.12.2018.

Wie es wohl ausgesehen hätten, wenn Frauen tiefere Erwartungen an sich selbst gestellt hätten? Hätten die Zeitungen vom Frauenstimmrechtsentscheid als grösstes Missgeschick der Menschheitsgeschichte berichtet? Vermutlich wären diese Frauen trotz weit geringeren politischen Vorkenntnissen kompetent genug gewesen, doch Frauen wurden nicht mit dem Selbstbewusstsein erzogen, genüge zu sein.

Manchmal seien einem Dinge erklärt worden, die man bereits wusste. Doch das sei nicht so schlimm gewesen, wie wenn einem gewisse Informationen nicht gegeben wurden oder man ignoriert wurde. Schliesslich habe man einfach sagen können, dass man dies bereits begriffen hatte, meint MONIKA STOCKER. «Es gab manchmal auch Leute, sogar aus der Verwaltung, die sich dachten: "Das muss die nicht wissen." Dabei sagte ich immer: "Ich muss das wissen, sonst kann ich nicht Stellung nehmen." Es war mehr das Aussenvorlassen, das Ignorieren. Das hat vielleicht auch mit Wertschätzung zu tun, dass es nicht so wichtig ist. Das ist natürlich lästig, dann hat man zum Teil auch einen Informationsrückstand. Und da musste man sich – gerade in der Exekutive als Chefin – ein Profil geben, bei dem das einfach nicht geht. Das ist nicht so einfach», berichtet MONIKA STOCKER. Wie sollen sich die Wettbewerbschancen erhöhen, wenn man bereits mit einem Rückstand beginnt? Besonders, wenn einem stets neue Steine in den Weg gelegt werden.

7.5 Doppelmoral [109]

7.5.1 Im Allgemeinen

Für einige Frauen war es ganz normal, unter so vielen Männern zu sein. SUSANNE LEUTENEGGER OBERHOLZER war es sich bereits vom Ökonomiestudium und LILI NABHOLZ vom Rechtswissenschafts-Studium gewohnt, in der Minderheit zu sein. LENI ROBERT erzählt ebenfalls, dass es für sie sehr normal gewesen sei, da sie im beruflichen Leben sowieso meist mit Männern zu tun gehabt habe. Für MONIKA STOCKER hingegen war es ungewohnt, unter so vielen Männern zu sein. Sie überlegte sich während den Sessionen immer stark, was sie anziehen sollte. «Sonst überlege ich mir das nicht tonnenweise», sagt sie. Sie habe versucht, keine Angriffsfläche mit ihrer Kleidung zu bieten. «Ich zog vielleicht eher auch einmal einen dunkelblauen Blazer und keine Jeans an, weil ich dachte, dass ich da nicht noch dumme Sprüche hören möchte. Denn das hörte man auch.» Sie hörte oft, wie getuschelt wurde, wenn eine Frau ans Redner*innenpult trat. Sie befürchtet, dass das heute noch nicht anders ist, vielleicht mache man es einfach diskreter.

«Wenn ein Mann am Rednerpult steht, dann steht er am Rednerpult. Wenn eine Frau am Rednerpult steht, dann gab es in den Rängen Diskussionen. "Oh schau, wie die heute angezogen ist" oder "Es nimmt mich jetzt wunder, was die wieder sagt" oder solche Dinge. Man wurde als Person, als Mensch viel kritischer beäugt», erklärt ELISABETH ZÖLCH und fährt fort, «Man war als Person viel mehr ausgestellt und es wurde dadurch auch

---

109 Dieses Unterkapitel beruht auf den Gesprächen mit SUSANNE LEUTENEGGER OBERHOLZER, LILI NABHOLZ, MONIKA STOCKER, ELISABETH ZÖLCH, ROSMARIE ZAPFL-HELBLING, ELISABETH KOPP, HANNA SAHLFELD-SINGER und LENI ROBERT.

viel, viel mehr kritisiert.» Ihre Kollegen im Rat hätten sich eigentlich alles leisten kön-
nen und niemand habe das hinterfragt. «Ein Mann konnte mit fettigen Haaren und
Schuppen auf dem Blazer kommen und niemand sagte ein Wort. Wenn man aber als
Frau einmal nicht gerade ideal gekämmt war oder etwas trug, von dem sie dachten:
"Das geht doch nicht im Parlament", dann wurde das sofort bemerkt. Ich hatte fast
ein wenig Bedauern, dass Männer auf solchen Dingen herumkauen mussten», erzählt
ELISABETH ZÖLCH.

Einmal habe sich ein Mann im Rat abschätzig über das Aussehen einer Ratskollegin
geäussert. MONIKA WEBER sagt, sie habe ihm darauf geantwortet: «Wenn ihr Männer nach
dem Aussehen gewählt werden würdet, dann wärt ihr auch nicht gewählt worden.»
«Ich musste also gerade etwas parieren, aber etwas lustig, nicht todernst. Man musste
einfach zeigen 'So nicht!'», erklärt sie.

Schönheit ist neben der Aufgabe als Mutter und Ehefrau so ziemlich das Fundament
des weiblichen Rollenbilds. Die grossen Kleiderabteilungen und das überschwem-
mende Angebot an Luxus- und Hygieneprodukten für Frauen sind Zeugnisse davon. Da
ist ein Anspruch an den weiblichen Körper, diese Annahme, dass er da sei, um Männer
zu erfreuen. Auch heute ist das noch so, wenn Knaben in der Schule *Hot-Lists* schreiben,
in denen sie die Mädchen aus der Klasse nach ihren Körperteilen bewerten. Das merkt
man auch an der Darstellung von Frauen auf Plakatwänden und in Filmen (mehr dazu
unter Ziffer 8 [Blick auf heute]).

«An einer Frau wird alles kritisiert. Ein Mann kann mit einem Bauch, einer Glatze und
mit Dreck am Schnauzer kommen und kein Mensch sagt etwas. Bei einer Frau ist immer das Aussehen und die Figur wichtiger», erzählt auch ROSMARIE ZAPFL-HELBLING.

LENI ROBERT erinnert sich an eine Diskussion im Stadtrat. Sie habe sich Mühe gegeben,
gute Argumente zu bringen. Und habe gesehen, wie immer die gleichen zwei, drei Männer miteinander geflüstert, zu ihr geschaut und dann gelacht und genickt hätten. Sie
habe sich gedacht, dass die ihr lieber zuhören sollten. Nach der Ratssitzung habe einer
dieser Männer zu ihr gesagt: «Du hast einen extrem sexy Pullover angehabt.» Er habe
dabei mit seinen Händen ihre Silhouette angedeutet. «Die sprachen immer nur über
meinen Busen. [...] Es zeigte einfach, was die jetzt an diesen Frauen interessierte, die
dabei waren. Dass sie nicht mehr allein waren, empfanden sie als Bereicherung, dass es
jetzt Frauen gibt, deren Pullover den Busen betont. Da hatten sie das als Gesprächsstoff
und fanden das toll», erklärt LENI ROBERT.

LENI ROBERT erzählt, dass es ständig Situationen gegeben habe, in denen sie sich dachte,
dass die Politiker mit ihnen nicht so verkehrt hätten, wie mit Leuten die Argumente
in der Frage gehabt hätten, die gerade behandelt wurde, sondern mit ihnen als Frauen.
«Und sie beurteilen einem als Frau von oben bis unten, die Kleider und alles. Meine Fri-
sur, oder meine *Nicht-Frisur*, führte zu unendlichen Leserbriefen und gab zu etlichen
Diskussionen Anlass. "Du, geh einmal zum Coiffeur!". "Nein, ich kann diese Haare auch

selbst schneiden, wenn es sein muss, aber es ist auch nicht das Wichtigste." Man hat sehr auf das geschaut. Oder dann haben sie einem ein Foto von einer schönen ausländischen Politikerin geschickt, die gepflegter war. Das sind alles Kleinigkeiten, aber das war einfach das übliche Klima. Man hat die Frauen primär nach dem Äusserlichen und sicher nicht nach den Argumenten beurteilt, sonst galten sie gerade als unweiblich. Ein eigentlich guter Freund von mir im Rat, sagte mir einst: "Du hast das doch nicht nötig, am Rednerpult etwas zu vertreten. Du bist doch eine gute Frau." Das war so klassisch, und was sagt man auf sowas?», erzählt Leni Robert. Eine gute Frau war eben eine, die ihren *weiblichen Pflichten* nachging. Wie vor dem Stimmrecht war immer noch die Ansicht da, dass eine Frau in der Politik nicht ganz normal sein konnte, dass bei ihr irgendwo eine Schraube locker sein musste.

Auch Rosmarie Zapfl-Helbling erzählt von Momenten mit Bemerkungen wie: «Also mit einem Gespräch unter Männer hätte man das ganz anders regeln können» oder «Also dich habe ich schon als *rassigere* Frau eingeschätzt.» «Das habe ich so oft erlebt. Kein Argument zur Sache, immer nur auf die Frau geschossen. Dann habe ich noch gut ausgeschaut, was ich mir anhören musste! "Du kannst das sowieso nicht, du solltest anders machen." Es war grauslich, über das könnte ich ein Buch schreiben», erzählt Rosmarie Zapfl-Helbling. Solche Situationen erforderten Standfestigkeit und Selbstbewusstsein.

Elisabeth Zölch erzählt, dass sie gerne taillenbetonte Jupes mit breiten Gürteln und Schuhe mit hohen Absätzen getragen habe. «Das gab Sprüche. Ich habe gedacht ja gut, ich finde auch nicht alles gut, was Männer getragen haben. Ich konnte das irgendwie locker nehmen oder gar nicht ernst nehmen. Auf jeden Fall passte ich mich nicht an», erzählt sie. Diese Männer dachten, dass sie einen Anspruch darauf hätten über sie zu urteilen, weil sie eine Frau war. Es wurde erwartet, dass sich das ganze Sein einer Frau um andere dreht. Dass eine Frau ihr Leben anderen widmet. Mutter und Ehefrau, ein selbstloses Wesen im Kern. Unterwürfig und ohne Rückgrat wie die fleissige *Goldmarie* aus dem Märchen *Frau Holle*. Gabrielle Nanchen schrieb in ihrem Buch *Amour et pouvoir: Des hommes, des femmes et des valeurs*: «Sich um die anderen zu kümmern, sie zu ernähren und zu pflegen, ihren Bedürfnissen den Vorrang zu geben, ist für die meisten Frauen eine Quelle von Zufriedenheit und von Selbstachtung geworden. Sie haben im laufe der Jahrhunderte gelernt, dass das Gewinnen nicht das einzige ist, was dem Leben einen Sinn gibt, sondern dass das Wahren von Leben den vielleicht sichersten Wert darstellt.»[110] Diese Tätigkeit an sich sollte also keinesfalls verteufelt werden. Sich um andere zu sorgen, ist keine Schwäche! Nur darf man sich selbst dabei nicht verlieren. Denn wer sorgt sich um einen selbst?

Während bei der Bewertung von Frauen das Aussehen viel Gewicht hatte, nahm es bei der von Männern keinen Platz ein. Es wurden verschiedene Leistungen von ihnen erwartet, an sie wurden verschiedene Ansprüche gestellt. Eine Frau hatte nicht bloss kompetent zu sein, sie musste auch noch *schön zum Anschauen* sein.

---

110 Nanchen, Gabrielle. Liebe und Macht. Gedanken zu den weiblichen und männlichen Werten. Seite 128.

Rosmarie Zapfl-Helbling erzählt: «Damals war es selbstverständlich, dass wenn eine Frau kandidierte, immer zuerst gefragt wurde: "Haben Sie Kinder?". Bei Männern, auch wenn einer vier Kinder hatte, war das kein Problem; im Gegenteil, [es war sogar] ein Leistungsausweis für die Politik. Auch wenn er nie zuhause ist.» Bei den Frauen dachte man, dass Politik, Kinder und Haushalt nicht gut unter einen Hut zu bringen seien. So seien Frauen, die Kinder hatten, weniger akzeptiert worden. «Ob in Politik oder Wirtschaft, wenn Frauen in eine höhere Position steigen wollten, waren die Kinder ein Handicap, bei den Männern [waren Kinder] gar nie eine Frage.»

Dass ein Mann nicht oft zuhause bei seinen Kindern und seiner Ehefrau war, störte niemanden gross. Das war einfach so. Nicht im Traum wäre es einem eingefallen, einen Mann auf diese Art zu kritisieren. Doch wenn eine Mutter beruflich aktiv war, musste sie sich einige Dinge anhören. Sie wurde sehr schnell als Rabenmutter abgestempelt. *Schliesslich hatte sich die Mutter der Familie zu widmen, wo sie sich da doch am meisten entfalten könnte.*

«Schau nur, wie ihre Kinder in den Drogen landen werden», habe man über sie, Monika Stocker, gesagt. Dass eine Frau selbst entscheidet, was sie macht, habe einfach nicht zur Rolle der Frau gehört.

Lili Nabholz sagt, sie selbst habe den Druck verspürt, perfekt zu sein, als sie kleine Kinder hatte und häufig weg war. Den Druck habe sie sich selbst gemacht, erzählt sie. Sie habe Angst gehabt, dass wenn mit ihren Kindern in der Schule oder sonst irgendwo etwas wäre, dies sofort auf ihre politische Aktivität zurückfallen würde. Dass man sagen würde: «Die ist ja nie zuhause, die muss sich nicht wundern.»

Das Umfeld wurde bei einer Frau allgemein viel intensiver und kritischer geprüft als bei einem Mann. Besonders die Ehemänner wurden unter die Lupe genommen. Elisabeth Zölch erzählt, dass bei Elisabeth Kopp der Mann schlussendlich zum Verhängnis wurde. Auch bei ihr habe man ihren Mann zeitweise hinterfragt. In einem Interview mit der NZZ im Dezember 2018 sagte Elisabeth Kopp: «Seltsam, dass man immer meinen Mann kritisierte, wenn man mich treffen wollte. Offenbar war ich derart gut als Politikerin, dass es bei mir nichts zu finden gab.»[111] Ein Mann wäre wohl kaum für die Aktionen seiner Frau verantwortlich gemacht worden. Ob es jemals einen Rücktritt eines Politikers aufgrund seiner Ehefrau gegeben hatte? Frauen wurden nicht als von ihren Ehemännern oder Kindern unabhängige Individuen wahrgenommen.

Bei Hanna Sahlfeld-Singer war aber nicht sie diejenige, die wegen ihres Ehemanns unter Beschuss geriet, sondern umgekehrt – auf eine Art zumindest. Es war nicht wegen etwas Skandalösem oder Verbotenem, das sie getan hatte. Der Grund war ihre politische Aktivität. Sie beginnt zu erzählen: «Es waren nicht in erster Linie die Gesetze, die uns

---

111 Batthyany, Sacha / Koch, Carole, Interview mit alt Bundesrätinnen Kopp und Dreifuss: «Das Geschwätz der Männer ging auf die Nerven», in: NZZ am Sonntag vom 01.12.2018.

aus der Schweiz vertrieben haben. Da konnte man ja auf Änderungen hinarbeiten und sich in Geduld üben. Es war die Stimmung, die sich im beruflichen Umfeld meines Mannes meiner politischen Arbeit wegen, breit machte.» Männer, die in der Gemeinde etwas zu sagen hatten, schürten Misstrauen, dass sie und ihr Mann nicht zwischen tröstender Predigt und politischer Rede unterscheiden könnten. «Wir brauchten aber schlicht sein Gehalt zum Leben, denn die Aufwandsentschädigung für das Nationalratsmandat war minimal. Zum Glück sieht das heute anders aus», erzählt sie weiter. In der Folge seien sie nach Wil umgezogen. Da es für ihren Ehemann aussichtslos gewesen sei, eine Pfarrstelle im Kanton St. Gallen zu erhalten, sei er während zweier Jahre jeweils in den Kanton Zürich gependelt. 1975 gewann sie im Nationalrat die Wiederwahl. «[Ich] habe mich dann doch - um vielem Geschwätz über unsere Ehe ein Ende zu setzen- kurzfristig nach der ersten Session entschieden, den Rücktritt einzureichen. Mein Mann war bereits in Deutschland auf einer für ihn befriedigenden Stelle. Nur so konnten wir das Ideal, das uns vorschwebte, verwirklichen: die Kinder von Vater und Mutter zu erziehen und den Kindern Gleichberechtigung durch Berufstätigkeit von Mutter als auch Vater vorzuleben», erklärt sie. Es habe ihnen damals weh getan, nur diesen Ausweg zu sehen. Aber letzten Endes hätten sie diesen Schritt nie bereut und ihn als richtig empfunden. Es war die Kombination: jung, mit einem Nicht-Schweizer verheiratet, Mutter, in der reformierten Kirche berufstätig und Mitglied bei den Sozialdemokraten – einer Minderheit, gewesen, gegen die eine solche Abwehrhaltung entwickelt wurde, dass sie auswandern musste. «Im Kanton St. Gallen gab es zwei einflussreiche Parteien, die Freisinnigen für die Reformierten und die CVP für die Katholiken. Die SP war in der Minderheit. Und war nicht 'bürgerlich'. So wurde ich vor allem als Sozialdemokratin verunglimpft», erzählt sie. Nun könnte man meinen, dass ihre Situation ein Ausnahmesituation war. In dieser Form hat es das Ganze vermutlich eher weniger ein zweites Mal gegeben. Jedoch haben auch andere Ehemänner einiges zu hören bekommen, mehr dazu aber später (siehe unter Ziffer 7.8 [«Wenn der Mann jetzt auch noch kochen muss»]).

Lili Nabholz sagt, dass die Kritik bei einer Frau allgemein oft auch auf sie als Person bezogen sei und nicht auf die Sache oder die Ansicht, welche die Frau zu einem gewissen Thema teilt oder auf eine Aktion, die sie gemacht hat. Es seien oft auch Vorurteile und Klischees gewesen. Sie erzählt, dass wenn sich ein Mann im Nationalrat bei seinem Votum am Mikrofon aufgeregt habe, habe es geheissen: «Der hat es jetzt wieder einmal gesagt.» Jedoch, wenn dies eine Frau getan habe, sagte man, sie sei emotional. Genau solche Dinge habe man immer wieder gehört. Bei Männern habe man gesagt, dass einer durchsetzungsfähig sei. Bei Frauen hingegen, wie ehrgeizig sie sei. Eine Doppelmoral. Man habe Frauen vorgeworfen, sie sollen nicht so kindlich tun. Wenn eine einen starken Auftritt gehabt habe, gab man ihr den Eindruck, sie sei keine richtige Frau mehr. So als könne man eine falsche Frau sein. Es scheint so, als hätten die Männer nicht verstehen können, dass Frauen ebenso gute Politiker*innen sein können oder als hätten sie ihr Weltbild und ihre eigene Position bedroht gesehen. Als ob nur Männer überzeugende Auftritte liefern könnten. Aber genau diese Eigenschaften, die einen überzeugenden Auftritt ausmachen – Redegewandtheit, Rationalität, Entschlos senheit – galten als männlich. So als könne eine Frau, die diese Eigenschaften besass, kaum weiblich sein, denn Dinge wie Bescheidenheit, Demut, Sittsamkeit und Anmut galten als weiblich. Doch Politik ist nicht demütig und sittsam.

7.5.2 In der Presse

Alles sei immer kommentiert worden, erzählt ELISABETH KOPP. «Frau Kopp in neuem Kleid.» Und jetzt? Sie erzählt, dass das *Über-ihr-Aussehen-schreiben* zu viel Platz eingenommen habe. Ihres Erachtens hätten die Journalist*innen nur über ihre politischen Aktivitäten schreiben müssen. Auf der anderen Seite könne sie es den Journalist*innen auch nicht übelnehmen. Schliesslich seien dies die Dinge, die die Leute interessieren würden, meint sie. Im Bundesrat habe es natürlich auch damit zu tun gehabt, dass sie die einzige Frau war. «Es war einfach interessanter, bei der einzigen Frau zu schauen, ob sie die Haare geschnitten hatte oder was für ein Kleidungsstück sie an einem Anlass trug. Also so blöde Dinge, die keine Rolle spielen. Aber die Leute wollen das wissen. Sie kaufen diese Zeitungen», erzählt sie. Die Presse ist immer eine Widerspiegelung der Gesellschaft. Für die Bevölkerung waren Politikerinnen nicht einfach Amtsträger*innen, sie waren Frauen. Die angenommene Trockenheit der Politik hatte für sie zu wenig mit *Weiblichkeit* zu tun. Mit diesen Artikeln schienen sie ihre, *Weiblichkeit* wiederherstellen zu wollen.

Wenn MONIKA STOCKER Fragen gestellt bekam wie: «Was sagt auch Ihr Mann dazu?» oder «Was machen sie mit den Kindern während der Session?». Dann erwiderte sie, dass das nicht hier hingehöre. Die Interviews sollten schliesslich das politisch zur Debatte stehende behandeln. Was erwarteten die Journalist*innen auch? Die Kinder lagen wohl kaum irgendwo verlassen in der Wohnung herum, wie vor dem Stimmrecht befürchtet wurde. Einem Mann wäre so eine Frage nie gestellt worden, da sie als unnötig empfunden worden wäre.

Es gab um 2007 herum eine Medienkampagne der *Weltwoche* gegen MONIKA STOCKER. Die *Weltwoche* habe sie und die Sozialhilfe kaputt machen wollen, erzählt sie. Irgendwann habe sie sich einfach nicht mehr wehren können. Es sei wie eine Maschine gewesen, die auf sie zukam. Damals war sie bereits zwölf Jahre lang Stadträtin. Sie sei eine gute Zielschiebe gewesen, meint sie. Dass einem Mann in ihrer Position dasselbe widerfahren wäre, denkt sie nicht. Man habe zwei Mitarbeiterinnen zu sogenannten *Whistleblowerinnen* instrumentalisiert und gesagt, sie könne den Laden nicht führen. Eine der *Whistleblowerinnen* habe im selben Haus wie der Journalist der Weltwoche gewohnt, erzählt MONIKA STOCKER. Es sei ein altes Muster. Frauen gegen Frauen, meint sie. Das sei wie früher mit der *Strategie der Ohnmacht* gewesen, bei der man hinter dem Rücken flüsterte und Gerüchte über die Rivalin verbreitete. Männer hätten einander vermutlich einfach eines auf den Kopf gegeben, sagt sie.

Wenn sie junge Frauen auffordert, in die Politik zu gehen, würden die oft erwidern, dass sie nicht wollen, dass ihnen dasselbe wie ihr passiert, erzählt sie. Frauen schädigen, sei eben auch ein Machtmittel. «Man macht jemand kaputt, meint aber damit alle

Frauen», erklärt sie. Wenn ein Mann fertiggemacht wird, dann denken die wenigsten Männer daran, dass das auch ihnen passieren könnte. Und wenn sie es sich denken, dann nicht, weil sie dasselbe Geschlecht haben, sondern weil es sonstige Parallelen gibt. Dass Frauen das heute noch denken, zeigt, dass Frauen nach wie vor nicht in derselben Normalität angekommen sind wie Männer.

Die Presse konnte aber auch die gegenteilige Wirkung haben. Sie konnte Mädchen und Frauen ermutigen, den aktiven Frauen nachzuahmen. Beispielsweise dadurch, wie LENI ROBERT gegenüber der FDP nicht klein beigab. Dass sie einen freisinnigen Polizeidirektor wegen eines Polizeieinsatzes gegen Demonstrierende kritisierte, führte schliesslich zum Bruch mit der Partei. Jedoch war ihr die FDP auch vorher durch ihr feministisches Engagement und ihr Umweltbewusstsein kritisch gegenüber. Sie erinnert sich nicht mehr, ob sie schlussendlich herausgeschmissen wurde, oder ob sie selbst ging. Aber sie hätten sich in dieser Hinsicht getroffen. «Es war für viele Frauen wichtig zu sehen, dass man als einzelne einer staatstragenden Partei: "So nicht!", sagen kann», erzählt sie. Das habe den Medien auch gefallen, die hätten es spannend gefunden, dass sich in der Politik nun etwas änderte. Daraufhin gründete sie mit anderen die *Freie Liste*. Inzwischen heisst diese *Grüne Freie Liste* (GFL). Jedoch sei dies damals nicht denkbar gewesen, sich so zu nennen. Jemand habe ihr einmal gesagt, sie sollen sich ja nicht *grün* taufen, denn dann würden sie nie auf einen grünen Zweig kommen. «Die hätten sonst das Gefühl gehabt, man sei am Blümchen suchen und schützen und habe politisch nichts zu sagen», erzählt sie. Dafür, dass LENI ROBERT der FDP die Stirn bot, erhielt sie zum 75-jährigen Jubiläum des *Frauenrechtsverbands* den Preis *mutiges feministisches Handeln*.

7.6 Drohbriefe und Anrufe [112]

Als Politiker*in habe man nicht nur Freunde, beginnt LILI NABHOLZ. Wenn ein Votum gefallen sei oder ein Vorstoss gemacht wurde, mit dem Leute nicht einverstanden waren, konnte man wüste Briefe, Telefone und Belästigungen bekommen. «Bei einer Frau sind die Hemmungen kleiner, sie [telefonisch], brieflich oder via E-Mail zu verunglimpfen. Die Hemmungen sind quer durch das politische Spektrum hindurch sehr tief. Frauen haben allgemein in der Gesellschaft das Problem, dass sie nicht gleich geachtet werden wie Männer. Ihr Stellenwert ist immer noch tiefer, deshalb hat man auch das Gefühl, dass man mit ihnen so umgehen kann, wie man nie mit einem Mann umgehen würde», erklärt sie.

LENI ROBERT erzählt von anonymen Anrufen inmitten der Nacht, grausigen anonymen Briefen und Zeitungen, an deren Rand Dinge wie: "Blöde rote Kuh, fahr ab nach Moskau", gekritzelt waren. «Man merkte, das waren Männer, die es nicht überwinden oder dulden konnten, dass Frauen etwas in der Öffentlichkeit machen. Ich fand das Anonyme am schlimmsten. Phasenweise habe ich nichts mehr aufgemacht», berichtet

---

112 Dieses Unterkapitel beruht auf den Gesprächen mit LILI NABHOLZ und LENI ROBERT.

sie. Manchmal habe sie Angst gehabt, wenn sie allein war. Morgens um drei Uhr bekam sie einmal einen Anruf. «Wenn du noch einmal so etwas machst im Rat, dann kommt dein Sohn nicht mehr nach Hause», habe eine Männerstimme in den Hörer gebrummt und aufgelegt. Dann beginne man zu überlegen, was man machen solle, doch man könne nicht wirklich etwas dagegen machen, meint sie. «Die erste Generation war sehr verletzlich, weil man das alles noch nicht wusste. Diejenigen, die 1971 bereit waren, in die Politik einzusteigen, hatten eine schöne Vorstellung von Politik. Dass es eine tolle Aufgabe sei, wir ein gutes Staatswesen haben und nun mitmachen dürfen. Und dann kommen all diese kleinen Dinge. Dieser Neid, Hass und diese Feindschaft gegen Frauen.» Die heutigen Politikerinnen würden dies massenhaft erleben, seien aber in einem Rahmen von Kolleg*innen, in dem das alle wüssten. Für sie damals sei das ganze sehr beängstigend und verunsichernd gewesen, erklärt LENI ROBERT.

LILI NABHOLZ war Kommissionspräsidentin der *Rechtskommission*, als es um *Nachrichtenloses Vermögen*, *Raubgold* und allgemein die Rolle der Schweiz im Zweiten Weltkrieg ging. In dieser Zeit haben sie und ihre Familie während einer gewissen Zeit unter Personenschutz gestellt werden müssen, weil sie so starke Drohungen bekommen hatte, erzählt sie.

7.7 Dumme Sprüche und Anzüglichkeiten [113]

«Die verheirateten Frauen waren geschützter als die ledigen. Das ist auch eigenartig. Das Patriarchat schützt eigentlich die Frauen, die schon einem 'gehören'. Meine alleinstehenden Kolleginnen bekamen viel bittere sexistische Sprüche als ich. Das war auch ganz eigenartig. Ich weiss auch nicht, was es ist, aber man respektiert, dass die schon einem 'gehört'. Das ist ja absurd, was heisst schon einem gehört», sagt MONIKA STOCKER.

GABRIELLE NANCHEN bestätigt diese These. Sie erzählt, dass wenn sie sagte, dass sie verheiratet war und Kinder hatte, man(n) fair gewesen sei.

LENI ROBERT war eine dieser Frauen, die niemandem «gehörte». Gehören, so als wäre sie ein Besitztum, mehr Gegenstand als Person und erst respektwürdig, wenn sie in einer Beziehung ist. Selbst dann hat man nicht Respekt vor ihr, sondern vor dem Mann, mit dem sie in einer Beziehung ist. LENI ROBERT spricht davon, wie man als junge Frauen angemacht wurden, wenn bekannt war, dass man alleinstehend ist. «Da hatten sie das Gefühl, dass sie gewisse Ansprüche hatten, weil wir in der Politik waren. Das gehört auch zur Politik, dass man versucht, eine Frau *um die Ecken zu bringen*», fährt sie fort.

«Ach, mit der hat es sowieso niemand ausgehalten», habe man damals gesagt, weil sie ohne Mann dastand. Niemand habe sich die Mühe gemacht zu erfahren, dass ihr Mann nach langer Krankheit im Herbst 1968 verstorben war. Selbst der geheime Nachrich-

---

113 Dieses Unterkapitel beruht auf den Gesprächen mit ROSMARIE ZAPFL-HELBLING, LENI ROBERT und MONIKA STOCKER.

tendienst des Bundes, der sie und alle anderen, die als Links verdächtigt wurden, bis aufs Hemd ausspionierte, habe sie als «geschieden» vermerkt, erzählt LENI ROBERT. Dies habe sie erst später bei der Einsichtnahme in ihre Staatsschutz-Fiche festgestellt.

Ein konkretes Beispiel, wie man mit Frauen zum Teil umgesprungen ist, hat ROSMARIE ZAPFL-HELBLING. Sie erzählt von einem Fraktionskollegen der CVP, der im Nationalrat zu JOSI MEIER, die 1971 in den Nationalrat gewählt wurde, folgendes gesagt habe: «Komm Josi, da hast du einen Fünflieber, kauf dir einen neuen Büstenhalter.» «Das ist der Umgang, den diese Männer mit den Frauen hatten», meint ROSMARIE ZAPFL-HELBLING.

Wenn drei Frauen die Köpfe zusammen gestreckt hatten, habe man gesagt: «So, seid ihr wieder am schnäderre?». Bei Männern hingegen habe man immer gedacht: «Die diskutieren», erzählt MONIKA STOCKER.

7.8 «Wenn der Mann jetzt auch noch kochen muss» [114]

«Mein Mann musste sich dumme Sprüche anhören! Wie: 'Ist sie wieder in Bern?' oder 'Musst du wieder selbst kochen?'», erzählt MONIKA STOCKER. Das sei die Rache von Männern an Männern gewesen. Ihr Ehemann habe dies ausgehalten und sie stets unterstützt. «Manchmal sagte er [wenn er nachhause kam]: "Heute an der Sitzung habe ich gesagt: 'Nein, dann kann ich nicht, weil ich Waschtag habe'. Da schauten alle dumm." Wir lebten damals in einer Genossenschaft. Da konnte man nur alle drei Wochen waschen. Wir hatten [diesen Termin] in der Agenda drin. Oder er sagte: "Ich muss nachhause, um meine Tochter abzuholen." Er brachte in die *Männerkulturen* die Hinweise hinein "Ich bin noch Familienvater" und "Ich habe nebendran noch einen Job." Das war damals völlig exotisch. Das war etwas abartig. Ich stellte dies sogar bei meinen eigenen Eltern fest. "Dass du jetzt arbeitest und Franz nicht...", dann sagte ich: "er arbeitet auch", aber in ihrem Weltbild war ich die arme Tochter, die arbeiten musste und der Mann machte nichts. Das sind die alten Rollenmuster. Wir sagten, dass wir das bewusst so gewählt hatten und so wollten. Das war etwas Pionierarbeit. Das ist heute schon etwas einfacher zwischen Männern und Frauen, wenn sie sich die Rollen in der Familie aufteilen wollen», erzählt MONIKA STOCKER. Wenn es regnete und ihr Mann noch die Wäsche aufgehängt habe, seien immer alle Nachbar*innen gekommen, um ihm zu helfen. «Bei mir wäre doch niemand gekommen», sagt sie.

Ihr Mann sei Teilzeit-Hausmann gewesen und sei dabei sehr skeptisch angeschaut worden. Sie selbst habe eine Zeit lang mehr als er gearbeitet und dann Kinderzulagen beansprucht. Auf der Familienausgleichskasse habe sie ein Angestellter gefragt, ob sie geschieden sei. Als sie verneint habe, habe er sie gefragt, ob ihr Mann invalide sei. Sie habe erneut verneint und ihm erklärt, dass er Hausmann sei. Das hätten sie noch nie gehabt, habe der Mann etwas perplex erwidert.

---

114 Dieses Unterkapitel beruht auf den Gesprächen mit MONIKA STOCKER, ROSMARIE ZAPFL-HELBLING und ELISABETH KOPP.

Aus diesen Schilderungen merkt man, dass die Gesellschaft nicht nur überfordert mit berufstätigen Frauen war, die ihre *weiblichen Pflichten* vernachlässigten, sondern auch mit Männern, die nicht die traditionelle *Ernährer-Rolle* erfüllten. «Ich spürte schon, dass alle um mich tuscheln. Mein armer Mann musste sich Dinge anhören wie: "Jesses, Herr Zapfl, jetzt müssen sie sogar selbst einkaufen gehen." Dabei ging er schon immer auf dem Weg vom Geschäft nachhause einkaufen. "Wenn die Frau Politik macht, dann hat sie doch keine Zeit mehr zum Einkaufen und Kochen. Am Ende muss er sogar noch selbst kochen zuhause"», erzählt ROSMARIE ZAPFL-HELBLING.

Es ist einleuchtend, dass Frauen mit einem weniger traditionellen Rollenverständnis mit Männern zusammen waren, deren Rollenverständnis dem ihrigen glich. Wenn ein Mann so versessen in die *Rollenverteilung der Geschlechter* gewesen wäre, dann hätte er es wohl kaum mit einer Frau ausgehalten, die ihr Leben nicht so lebte, wie es in der Gesellschaft grösstenteils praktiziert wurde.

Früher habe man sich als Frau oft zwischen Beruf und Familie entscheiden müssen, erklärt ELISABETH ZÖLCH. Zwar habe es bereits damals die Möglichkeit gegeben, Kinder an manchen Tagen in einer Kinderkrippe unterzubringen. Allerdings seien diese damals noch nicht so akzeptiert gewesen wie heute. ELISABETH ZÖLCH und ihr damaliger Ehemann hätten bewusst auf Kinder verzichtet, damit beide ihre beruflichen Ziele erreichen konnten, erzählt sie. «Diesen Preis muss eine Frau, die heute Politik macht, nicht mehr bezahlen.»[115] Die Vereinbarkeit spiele eine grosse Rolle, wenn man Frauen in der Politik haben möchte, erklärt sie. Als verheiratete Frau in der Politik, besonders wenn man Kinder hatte, war also ein unterstützender und mitanpackender Lebensgefährte nicht nur von Vorteil, sondern eine absolute Notwenigkeit. «Wenn man als verheiratete Frau Politik macht, muss man ein Mann haben, der einen unterstützt», sagt auch ELISABETH KOPP.

Sie habe natürlich auch einen grosszügigen Ehemann gehabt, das müsse man auch sehen. Als sie in den Nationalrat gewählt wurde, hätten sie beide ein Gläschen Prosecco getrunken und dann habe ihr Mann ihr eine kleine, nicht besonders schön eingepackt Schachtel gegeben. Wenigstens sei es kein Schmuck, habe sie sich gedacht und die Schachtel geöffnet. Ein Schlüssel sei drin gewesen. «Und dann habe ich ihn ziemlich ratlos angeschaut. Da sagte er zu mir: "Ich weiss, dass du fast Tag und Nacht arbeiten kannst, ich kenne dich, aber du musst irgendwo zuhause sein. Ich habe dir in Bern in der Altstadt eine Wohnung gekauft." Und dann hatten wir Fraktionssitzung, alle neu gewählten sassen zusammen und das grosse Thema war, wer wo logiert. Die ganz Vornehmen im Bellevue in Bern. Die fast Vornehmen im Schweizerhof in Bern. Und ich sass einfach stumm daneben und sagte kein Wort. Da fragten sie: "Und du, wo wohnst denn du?". [Ich antwortete:] "Ich? Ich habe hier eine Wohnung." "Was? Du hast hier eine Wohnung! Was sagt denn dein Mann dazu?". Da sagte ich: "Ihr seid doch alle die gleichen blöden Affen, denkt nur immer an das Gleiche. Wenn ihr das so genau wissen

---

115 Gespräch mit ELISABETH ZÖLCH (per Telefon) vom 19.08.2020. Audioaufnahme im Besitz der Autorin.

wollt, dann hat er diese für mich gekauft."» Sie hätten immer um sieben Uhr morgens im Büro sein müssen, so früh von Zumikon nach Bern zu gelangen, sei nicht zu machen, erklärt sie. Andere Männer hätten gesagt "Du bist ja nie zuhause, was sollte das eigentlich", doch er unterstützte sie und besuchte sie immer einmal in der Woche.

7.9 Fremdkörper – als Frau nicht ganz dazugehören[116]

«Ich erinnere mich, dass ich einmal in einer Sitzung war, in der ich mir dachte: "Da bin ich jetzt als Frau allein", aber ich könnte nicht einmal sagen, was es war. Aber dieses Gefühl, dass ich da als Frau allein drin bin. Beruflich habe ich das ebenfalls einmal erlebt, als ich beim MGB (= *Migros-Genossenschafts-Bund*) Direktorin war. So etwas kann es auch heute noch geben. Wir Frauen denken und fühlen halt vielleicht manchmal anders als Männer», meint MONIKA WEBER.

Nach den Fraktionssitzungen habe man jeweils gemeinsam etwas gegessen und getrunken, erzählt LENI ROBERT. «Die hatten immer Freude an schlüpfrigen Witzen. Diese mussten sie sich verklemmen, wenn Frauen dabei waren. Ich merkte, dass wir störten. Sie sprachen nicht mehr frei, wenn wir dabei waren. Die haben bestimmt ganz anders über Frauen und Sex gesprochen, wenn wir nicht da waren. Wir haben irgendwie deren Art von Geselligkeit gestört.»

Auch MONIKA STOCKER berichtet, dass VRENI SPOERRY ihr einst gesagt habe: «Um zehn Uhr musst du nach Hause, wenn am Abend eine Veranstaltung ist.» Damals sei sie etwas empört darüber gewesen und habe gedacht, dass VRENI SPOERRY ihr doch nicht zu sagen habe, wann sie nach Hause gehen müsse. Aber dann habe sie es selbst erlebt, dass an Veranstaltungen nach zweiundzwanzig Uhr alles plump wurde. Man(n) hatte bereits etwas intus und begann, diese Männerwitze zu machen, erzählt sie. «Die meisten Frauen haben das schnell kapiert: "Wir gehen nachhause, sonst wird es peinlich." Man kann fast nicht darüber sprechen, weil alle sagen: "Nein, das hast du viel zu ernst genommen." Aber es hatte etwas dieser Kultur des Männerbunds. Und wir waren immer noch Fremdkörper, wie ein Abstossungseffekt.»

In einem Interview mit der NZZ im Dezember 2018, erzählt ELISABETH KOPP: «Ich fühlte mich schon ausgeschlossen; vor allem, wenn die Männer in die Beiz gingen, was während einer Session ständig der Fall war. Immer dieser Alkohol! Sie sassen in der Bellevue-Bar, haben geraucht und getrunken. Ich hätte mich nicht wohlgefühlt und hörte lieber daheim eine Schallplatte. Nur schon die Kaffeepausen waren mir zu viel: Dieses Gerede über Fussball, es war das Einzige, was diese Männer interessierte. Ganz ehrlich, mir ging das Männergeschwätz auf die Nerven. Am meisten die [schlüpfrigen] Witze.»[117]

---

116 Dieses Unterkapitel beruht auf den Gesprächen mit MONIKA WEBER, MONIKA STOCKER, LENI ROBERT, HANNA SAHLFELD-SINGER und ROSMARIE ZAPFL-HELBLING.

117 BATTHYANY, SACHA / KOCH, CAROLE, Interview mit alt Bundesrätinnen Kopp und Dreifuss: «Das Geschwätz der Männer ging auf die Nerven», in: NZZ am Sonntag vom 01.12.2018.

«Ich hatte mir strenge Regeln auferlegt: keinen Alkohol zu trinken. Immer als erste abends aus der gemütlichen Runde beim Essen ins Hotel zu gehen. Nie mit einem Herrn allein auszugehen et cetera. Als Frau und Pfarrerin hat man mich sicher gut beobachtet. Also wollte ich auf keinen Fall irgendeinen Anlass für Geschwätz geben», erzählt HANNA SAHLFELD-SINGER.

Von Frauen wurde und wird eine gewisse Reinheit erwartet, eine gewisse Unschuld (mehr dazu unter Ziffer 8 [Blick auf heute]). Männer und Frauen seien grundverschieden. Die Gesellschaft macht uns zu dem, was wir sind und wir machen die Gesellschaft zu dem, was sie ist. Wenn immer Männer bloss um Männer sind und Frauen bloss um Frauen, und die Gesellschaft so immer höhere Zäune um die beiden schwingt, wie soll dann zueinander gefunden werden? Wie soll dann bemerkt werden, dass alle eigentlich gar nicht so grundverschieden sind? Wie soll Respekt gelernt werden, wenn man sieht, wo man ihn nicht aufbringt?

7.10 Frauensession 1991 [118]

«Erst heute begreife ich jene Männer, die mir am Anfang meiner Karriere sagten, die Frau gehöre ins Haus. Recht hatten sie. Die Frauen gehören ins Gemeindehaus, ins Rathaus, ins Bundeshaus», sagte JOSI MEIER, eine der ersten zwölf Nationalrätinnen (siehe unter Ziffer 6.2 [Die ersten Stände- und Nationalrätinnen]), an der Frauensession 1991 im Bundeshaus in Bern.

Wenn man sich normalerweise im Nationalratssaal umschaute, sah man mehrheitlich schwarz oder grau-blau angezogene Männer und ganz wenige Frauen, die vielleicht einmal etwas Rotes oder etwas Farbiges trugen, erzählt MONIKA STOCKER. Schon optisch habe das einem die Untervertretung von Frauen deutlich gemacht. Doch am siebten und achten Februar 1991 sah das anders aus. Zwanzig Jahre nach der Einführung des Frauenstimm- und Wahlrechts fand eine *Frauensession* in Bern statt – im selben Jahr, wie das Jubiläumsjahr «700 Jahre Schweiz» (nach der Legende vom Rütli-Schwur von 1291 gerechnet). Für die Vorbereitung der Frauensession habe es eine parlamentarische Kommission gegeben, welche sie präsidierte, erklärt MONIKA STOCKER. Sie seien sieben Frauen aus verschiedenen Fraktionen gewesen, die diese

Abb 5: Der Nationalratssaal mal ganz anders - Frauen-ses sion 1991

Session zusammen mit den Parlamentsdiensten vorbereiteten. «Wir Frauen wollten zeigen. 700 Jahre...», Monika Stocker breitet ihre Arme weit aus, «und 20 Jahre», ihre Hände zeigen nun nur noch ein kleines Stück. Sie hätten alle Parlamentarierinnen, die

---

118 Dieses Unterkapitel beruht auf dem Gespräch mit MONIKA STOCKER.

es seit 1971 gab, ins Bundeshaus eingeladen, um ihre Wertschätzung gegenüber der ersten Generation zu demonstrieren. Zusätzlich seien aus jedem Kanton zwei 20-jährige, um junge Leute für die Politik zu gewinnen, und Frauen aus *Frauenorganisationen* und Verbänden eingeladen worden. Bei der Frauensession sei über Themen gesprochen worden, die Frauen besonders betrafen. Dass der Nationalratssaal so mit Frauen gefüllt war, habe sie sehr beeindruckt, erzählt sie. Diesen Blick in den Saal, der mit all diesen Frauen gefüllt war! Das sei eine unbeschreibliche Energie gewesen. «Es war schon fast körperlich spürbar, eine Lebensenergie!», erzählt sie. Diese Frauensession gefiel aber nicht allen Leuten. Einige davon schrieben ihnen anonyme Briefe. «So habt ihr eigentlich die Damenbinden unter dem Pult», sei in einem gestanden. Die Hemmschwelle war gering.

Für die Generation, die unmittelbar nach der Frauensession in der Politik gewesen sei, habe die Session sicher etwas gebracht, denn so habe es immer einen wichtigen Brückenschlag gegeben. «Die sagten immer: "Weisst du noch, wo wir..."», erzählt MONIKA STOCKER. Es sei dann aber wieder abgeflacht, als neue Leute ins Parlament kamen, die das Ganze nicht erlebt hatten. Ausserdem seien gewisse Frauen inzwischen etwas müde geworden.

Am 29. und 30. Oktober 2021 fand die zweite Frauensession statt. Hier konnten sich auch *normale* Bürgerinnen*[119] kantonsweise aufstellen lassen, die dann von Wählerinnen* (auch *normale* Bürgerinnen*) gewählt werden konnten. MONIKA STOCKER wurde unter anderen für den Kanton Zürich gewählt. Zu den Forderungen, die nach der zweiten Frauensession gestellt wurden, gehört die Revision des Schweizer Sexualstrafrechts, Beseitigung der Lohnungleichheit und ein bedingtes Wahlrecht für ausländische Bürger*innen.

7.11 Anderer Erfahrungshintergrund = andere Politik [120]

Jeder Politiker und jede Politikerin politisiert auf dem eigenen Erfahrungshintergrund. Da die Rollen in der Gesellschaft für Männer und Frauen sehr unterschiedlich waren, unterschied sich auch der Erfahrungshintergrund von Frauen und Männern. Dadurch, dass Frauen in ihrem Leben andere Dinge erlebt hatten, politisierten sie zum Teil auch anders. Sie setzten andere Schwerpunkte und Akzente und kümmerten sich darum, diese Benachteiligungen zu beseitigen, die sie am eigenen Leibe erfahren hatten. Sie beschränkten sich aber nicht nur auf *Frauenthemen*, sondern brachten auch allgemein eine andere Sichtweise hinein.

In der *wirtschaftlichen Aufbruchsstimmung* der Nachkriegszeit wurden Autobahnen und

---

119 Anmerkung: mit Bürgerinnen* sind Frauen und nicht binäre Personen gemeint, die in der Schweiz wohnen (Schweizerpass war kein Kriterium).

120 Dieses Unterkapitel beruht auf den Gesprächen mit LENI ROBERT, HANNA SAHLFELD-SINGER, ROSMARIE ZAPFL-HELBLING und ELISABETH KOPP.

Autostrassen quer durch Städte gebaut. Für viele Männer zählten nur Strassen und Autos, erzählt LENI ROBERT. «Die Frauen hatten eine andere Vorstellung vom Zusammenleben in der Stadt, dass sie nicht immer Angst um ihre Kinder haben müssen, wenn sie die Haustüren aufmachen und sie hinauslassen. [...] Man wurde mit Misstrauen betrachtet, wenn man Dinge so tat, wie Männer sie bisher nicht gemacht hatten. [...] Man wurde schnell als wirtschaftsfeindlich abgestempelt. Wirtschaftliches Wachstum ging über alles.»[121]

Männer hatten zwar Jahrhunderte lang die Aufgabe gehabt, für das Gemeinwohl zu schauen und doch schien es, dass sie dabei Zentrales übersehen hatten. Sie gingen davon aus, dass sie im Sinne der Gesellschaft politisierten. Allerdings haben sie dabei oft wichtige Gesellschaftsteile – Frauen und Kinder – sowie deren Bedürfnisse und Sichtweisen übersehen. Besonders, weil Männer oft in einer ziemlich anderen Welt als ihre Frauen und Kinder lebten, einige Gesichtspunkte also gar nie bemerkten. Als dann aber Frauen in die Politik kamen, brachten sie ihre Sicht, Bedürfnisse und Vorstellungen mit. So wurde beispielsweise innerorts das Tempo auf den Strassen reduziert.

Ein anderes Beispiel ist das *Obligatorium für Katalysatoren und bleifreies Benzin*. ELISABETH KOPPS Tochter hatte als Kind Asthma. Der Arzt meinte, dass es an der zunehmenden Luftverschmutzung liegen könnte. Nachdem ELISABETH KOPP sich mit diesem Thema befasst hatte, fand sie heraus, dass das vor allem an den Autoabgasen lag. «Nachdem ich meinen Mann zum dritten oder vierten Mal nach Japan begleitet hatte, fand ich plötzlich, dass die Luft dort besser sei», berichtet ELISABETH KOPP. In einem Gespräch mit der zuständigen Behörde in Japan, fand sie heraus, dass es daran lag, dass es dort ein *Obligatorium für Katalysatoren und bleifreies Benzin* gab. «Ein paar Tage später schrieb ich im Flieger eine Motion zum *Obligatorium von Katalysatoren und bleifreiem Benzin* für die Schweiz. Ich war damals noch im Nationalrat. Als die Motion behandelt wurde, war ich bereits im Bundesrat. Meine sechs Kollegen fanden das Obligatorium eine schlechte Idee und fanden, dass die Schweiz dies als Land nicht allein machen konnte, sondern dass man das gesamteuropäisch lösen müsste. Das war [für mich] ein Argument, dass ich nachvollziehen konnte. Daraufhin organisierte ich eine europäische Konferenz der nordischen Staaten und brachte dort einen Antrag «Katalysatoren für ganz Europa» ein. Die Männer fanden das ein dummes Gestürme. [...] Ich formulierte das Ganze also etwas um, im Kern der Sache war es aber noch genau gleich. Die Männer dachten, dass ich etwas nachgegeben hatte und so wurde bei der Abstimmung das *gesamteuropäische Obligatorium für Katalysatoren und bleifreies Benzin* angenommen.»[122]

Es sei ihr dabei egal gewesen, ob es dadurch weniger Automarken gäbe, wenn die herumfahrenden sauber seien. «Doch die Automobilimporteure fielen über mich her. "Was versteht schon eine Frau von Automotoren." So von oben herab, "Was kommt

---

121 Gespräch mit LENI ROBERT-BÄCHTOLD, Muri BE, vom 17.09.2020. Audioaufnahme im Besitz der Autorin.
122 Gespräch mit ELISABETH KOPP, Zumikon, vom 27.08.2020. Audioaufnahme im Besitz der Autorin.

jetzt die und weiss alles besser."» Ihr Ehemann sei in einem Verwaltungsrat einer Firma gesessen, die an ihrem Vorstoss gar keine Freude gehabt habe. «"Können Sie nicht etwas mässigend auf Ihre Frau einwirken? Das könnte sonst für sie auch noch negative Folgen haben." Daraufhin sagte mein Mann, er fände es absolut richtig und gut, was seine Frau mache und unterstützte das voll. Wenn ihnen das nicht passe, würde er offerieren, zum Verwaltungsrat auszutreten. "Nein, um Gotteswillen, bleiben sie da. Das wollen wir sicher nicht!"», erzählt ELISABETH KOPP.

Über ein anderes Beispiel berichtet ROSMARIE ZAPFL-HELBLING. Sie erzählt: «Man hat ein Schulhaus gebaut. In der untersten Etage wollte man ein Lernschwimmbecken machen und darauf eine Turnhalle. Und dann kamen diese Turnvereine: "Wir haben viel zu wenige Turnhallen, wir machen unten und oben eine Turnhalle." Ich setzte mich im Parlament für dieses Lernschwimmbecken ein. In Fällanden, [das ist eine kleine Gemeinde nebenan], hatten sie ein Lernschwimmbecken. Unsere Kinder mussten nach Fällanden, um schwimmen zu gehen. Wir in Dübendorf, mit fünfzigtausend Einwohnern hatten keines!».

Auch ELISABETH KOPP erzählt von einer Schwimmbad-Situation in Zumikon. Dabei ging es um den Bau für ein Hallenbad und ein Freibad, wobei man jedes separat bauen wollte. Die Lastwagen mussten an einem schmalen Strässchen bei einem Primarschulhaus vorbeifahren, um zur Baustelle zu gelangen. Dass man etwas zweimal macht, was man in einem Mal machen konnte, fand sie nicht sinnvoll. Das Risiko, dass sich dort auf dieser schmalen Strasse ein Unfall ereignen konnte, schätzte sie als zu hoch ein. Der Gemeinderat war dagegen, aber bei der Abstimmung, nahm die Bevölkerung ihren Vorschlag an.

7.12 Als bürgerliche Frau für Gleichberechtigung [123]

LILI NABHOLZ erzählt, viele seien ungläubig gewesen, als sie gewählt wurde. Da sie auf einer freisinnigen Liste und im Kanton Zürich stand, habe man gedacht, dass die Themen, mit denen sie bekannt wurde, – Emanzipations- und Gleichstellungsfragen – linke Themen seien. Dieser Ruf sei ihr nachgegangen, bis sie aufgehört hatte. Doch sie sagt: «Man geht nicht in die Politik, um nur Streicheleinheiten zu bekommen. Wenn man ein politisches Amt hat, dann muss man auch wissen, dass man es nie allen recht machen kann. [...] Es war mir einfach wichtig, mir selbst und meinen Anliegen treu zu bleiben.»

ELISABETH ZÖLCH steht auf dem politischen Spektrum etwas weiter rechts. Sie erzählt, dass man zum Beispiel mit MONIKA STOCKER oder VERENA DIENER in der Arena zwar gekämpft habe, aber anschliessend gemeinsam einen Kaffee trinken konnte. Persönlich habe man sich sehr verstanden, auch wenn man andere Werte vertrat. Dies wünscht sie sich heute mehr. Verschiedene Meinungen respektieren, anstatt Feinbilder zu unterstüt-

---

123 Dieses Unterkapitel beruht auf den Gesprächen mit LILI NABHOLZ und ELISABETH ZÖLCH.

zen. «Natürlich fragten sie jeweils: "Wie kannst du in der SVP sein." Aber ich hatte meine Wurzeln im landwirtschaftlichen Gewerbe und mein Vater arbeitete als Tierarzt mit Bauern. Dies und was ich während des Studiums entwickelt habe, sind die Wurzeln meines Netzwerks», erzählt sie. Sie sei viel offener als ihre Partei (SVP) gewesen. Sie war für Gleichberechtigung in der Ehe und in der Partnerschaft. Während sich ihre Partei klar gegen das neue Eherecht positionierte. In der Bevölkerung habe sie Unterstützung gehabt. Die Partei selbst sei eher skeptisch gewesen, erzählt sie.

Die SVP des Kanton Berns, mit der sie Wahlkampf machte, sei sehr stark von der Landwirtschaft und dem Gewerbe geprägt gewesen. In den Betrieben hätten Frauen eine starke Rolle gehabt, so seien sich die Parteimitglieder eher gewohnt gewesen, dass Frauen in der Gesellschaft eine wichtige Rolle übernehmen. Somit wurde eine Frau in der Partei in Bern weniger stark hinterfragt als im Kanton Zürich, wo die SVP weniger aus der *Bauern,- Gerwerbe- und Bürgerpartei* entstanden ist.

7.13 Von *weiblichen* Werten[124] und Macht

GABRIELLE NANCHEN in *Amour et pouvoir*: «Ich [bin in einer Welt aufgewachsen], in der mir die Aufgabenteilung zwischen den Geschlechtern klar festgeschrieben schien. Die Frauen meiner Familie, die eindeutig in der Überzahl waren, widmeten sich voll den Ihren und schienen kaum das Bedürfnis nach Selbstbehauptung zu verspüren. Berufliche, sportliche oder künstlerische Selbstverwirklichung waren ausschliesslich Sache der Männer. [...] Als ich an die Universität kam, die für mich die Welt der Männer darstellte, war ich wie geblendet. Nach der abgeschlossenen Welt meiner Familie und meiner Schule entdeckte ich die Freiheit. [...] Ich entdeckte, wie befriedigend es sein kann, seine Persönlichkeit zu behaupten. Nachdem ich während neunzehn Jahren nichts anderes als das brave und schüchterne dritte Kind unserer Familie gewesen war, wurde ich nun eine eigenständige Person, die es wagte, eigene Ideen zu haben und diese zu verteidigen. [...] Ich hatte in meinem Kopf mehr oder weniger unbewusst folgende Gleichung aufgestellt: Männerwelt gleich Freiheit, Selbstbestätigung, Macht; Frauenwelt gleich Eingeschlossensein, Entsagung, Unterwerfung.»[125]

Die Politik 1971? Eine *Männerwelt*. «Frauen haben einen spezifisch verengten Begriff von Politik: Politik ist Kampf, ist Weltgeschehen, Krieg, Parteienstreit»[126], so 1983 in *Ausgelaugt bis Zärtlichkeit Fakten zur Emanzipation von Frau und Mann*. Als gegen das Stimmrecht geworben wurde, wurde stets behauptet, dass Frauen Macht unangenehm sei.

---

124 Anmerkung: Mit *weiblichen* Werten sind Werte gemeint, die als weiblich gelten (deshalb kursiv) – nach denen Mädchen eher erzogen werden als Knaben. Der Begriff wird hier bewusst betont, um das duale System mit seinen strikten Vorstellungen hervorzuheben.

125 NANCHEN, GABRIELLE, Liebe und Macht: Gedanken zu den weiblichen und männlichen Werten, S. 162 und 163.

126 Eidgenössische Kommission für Frauenfragen. Ausgelaugt bis Zärtlichkeit: Fakten zur Emanzipation von Frau und Mann, Bern/Zürich 1983. S. 81.

Für einige war sie dies, aber viele bemerkten, dass Macht auch gut und angenehm sein konnte. Von 1971 bis heute haben sich Frauen die Macht über ihren Körper zurückgeholt (bspw. geregelter Schwangerschaftsabbruch, Sexualstrafrecht) und sich zu den Verwalterinnen ihres Eigentums und Lebens gemacht (bspw. Neues Eherecht). GABRIELLE NANCHEN in *Amour et pouvoir*: «Der Besitz eines politischen Mandats, mochte die Macht eines Parlamentariers auch noch so beschränkt und symbolisch sein, gab mir das Selbstverständnis, das ich zum Leben zu benötigen glaubte. Wichtig war für mich nicht, von den andern verschieden, den gewöhnlich Sterblichen überlegen zu sein, Entscheidungen treffen zu können, die ihr Schicksal beeinflussen, sondern viel mehr eine Person zu sein, von der man spricht, die man kennt. Das heisst, deren Leben aus den Blicken besteht, die Tausende auf sie richten. Macht besitzen, um geliebt zu werden, viel eher als um zu herrschen? War diese Sicht der Dinge nur eine persönliche und Resultat meiner eigenen Geschichte, oder entspricht sie der Art, wie die Frauen im Allgemeinen die Machtausübung verstehen?».[127] «Meine politische Erfahrung lehrte mich, dass Ansehen auch Liebe oder etwas, was danach aussieht, mit sich bringt. In meinen Augen war dies ein weiterer Vorzug der Männerwelt.»[128] Als sie als Sozialarbeiterin – also in einem sogenannten *weiblichen* Beruf – gearbeitet hatte, habe sie viel Liebe gegeben, doch keine empfangen. Als Politikerin hingegen habe sie so viel Liebe erhalten, wie sie wollte, ohne viel geben zu müssen. Sie beschreibt dies als Rückkehr ins *verlorene Paradies.*

Vor der Abstimmung über das Stimmrecht gab es eine *Vision der rettenden Frau*, die beruhigend auf die aus den Fugen geratene Welt einwirke.[129] Männliche Vorstellungen über die Wirkung des künftigen Frauenstimmrechts im *Nebelspalter* vom 3. Februar 1971: «Wenn unsere Frauen das Stimmrecht haben, kommt endlich mehr Farbe in die Politik, und Gefühl, wird sie gemütlicher und bekommt eine modische Note. Die Frau wird eine gepflegte Atmosphäre schaffen, häuslichen Charme in die Politik tragen.»[130]

MONIKA WEBER: «Ich wusste nichts von so einem Bild einer "rettenden Frau". Und es befremdet mich eigentlich. Ich kämpfte mit Engagement und Freude für die Allgemeinheit, für die Schwächeren in der Gesellschaft, lancierte mit dem Konsumentinnenforum die Preisüberwachungsinitiative (für eine wettbewerbspolitische Preisüberwachung) und initiierte eine zweite Volksinitiative für die «Freizügigkeit in der 2. Säule» mit dem Schweizerischen Kaufmännischen Verband. Letztere war ein ganz wichtiger Schritt, eine Notwendigkeit in den 80er-Jahren für das BVG. Ich kämpfte im Nationalrat auch für die Verfassungsgerichtsbarkeit, auf kantonaler Ebene für mehr staatsbürgerlichen Unterricht usw. usw. Ich wollte etwas für die Allgemeinheit tun. Vielen Frauengrup-

---

127 NANCHEN, GABRIELLE, Liebe und Macht. Gedanken zu den weiblichen und männlichen Werten. S. 166.

128 NANCHEN, GABRIELLE, Liebe und Macht. Gedanken zu den weiblichen und männlichen Werten. S. 166.

129 VOEGELI, IVONNE, Zwischen Hausrat und Rathaus. Auseinandersetzungen um die politische Gleichberechtigung der Frauen in der Schweiz 1945-1971, S. 671.

130 VOEGELI, IVONNE, Zwischen Hausrat und Rathaus. Auseinandersetzungen um die politische Gleichberechtigung der Frauen in der Schweiz 1945-1971, S. 673.

pen (überparteiliche Frauenstammtische) gab ich über Jahrzehnte einen staatsbürgerlichen Unterricht, wie man damals sagte. Die Frauen waren sehr interessiert. Und mir war es ein Bedürfnis, die Menschen an meinen Erfahrungen teilhaben zu lassen. Mehr politische Bildung wäre auch heute noch oder wieder sehr wichtig, für jedermann. Die Menschen müssen in einer Demokratie das Funktionieren verstehen können. Nur so können sie unser System schätzen.»[131]

Hatte sich das politische Klima durch die Teilnahme von Frauen verändert? Hatten sie ihre *weiblichen* Werte in die Politik mitgenommen oder passten sie sich dem *männlichen* Klima an?

MONIKA WEBER erzählt, dass sich in einem Parlament eine Atmosphäre und ein politisches Klima immer durch die Zusammenarbeit von Menschen mit unterschiedlichen, individuell geprägten Hintergründen entwickeln würde. Somit habe die Teilnahme von Frauen also auch Veränderungen gebracht.

LILI NABHOLZ erklärt, dass bei allen Politiker*innen die persönliche Lebenserfahrung in die politische Arbeit einfliessen würde. «Die soziale Konditionierung der Frauen, ihre Erfahrungen als Frauen sind zwar präsent, wenngleich nicht dominant.»[132] In den ersten Jahren nach Einführung des Frauenstimmrechts habe sie den Eindruck gehabt, dass sich Frauen stark anpassten. «Nur nicht anecken, war die Devise. Erst mit der Zeit wurden Frauen selbstbewusster, mutiger und wagten ihren eigenen Politstil. Sie wurden von Männer/Frauen zu Frauen/Frauen[133] und setzten entsprechende Akzente in der politischen Arbeit und prägten mit ihren Themen vermehrt die politische Agenda.»[134] Mit steigender Zahl gewählter Frauen habe sich das Klima verändert. Vermehrt seien beispielsweise im Nationalrat überparteiliche Allianzen geschmiedet worden. «Es begann mit der Revision des Kindesrechts, dann folgten das neue Eherecht, der Verfassungsartikel betreffend Gleichstellung der Geschlechter, das Gleichstellungsgesetz, der straflose Schwangerschaftsabbruch und die 10. AHV Revision. Das neue Eherecht wurde in der Referendumsabstimmung übrigens nur wegen den Frauen angenommen», sagt LILI NABHOLZ. Frauen in Exekutiven und Parlamenten aller Stufen seien nun Normalität geworden. «Frauen besetzen alle Politfelder und werden ernst genommen. In der Politik geht es aber immer auch um Macht und Konkurrenz. Hier haben Frauen immer noch mehr Mühe, die „Ellenbogen auszufahren" und Ansprüche durchzusetzen. Dies hängt auch mit dem Umstand zusammen, dass sie viel weniger stark von einflussreichen Netzwerken Unterstützung erhalten.»[135]

«Wir brauchen in der Welt andere Werte, als die traditionell *männlichen*. Schöne *männliche* Werte sind beispielsweise Stärke oder Zielstrebigkeit. Aber es gibt solche, die ich

---

131 Gespräch mit MONIKA WEBER vom 17.03.2022. Material im Besitz der Autorin.

132 Gespräch mit LILI NABHOLZ vom 16.03.2022. Material im Besitz der Autorin.

133 Die Begriffe *Männer/Frauen* und *Frauen/Frauen* wurden von der Feministin GRET HALLER, frühere Präsidentin des Nationalrats SP, geprägt.

134 Gespräch mit LILI NABHOLZ vom 16.03.2022. Material im Besitz der Autorin.

135 Gespräch mit LILI NABHOLZ vom 16.03.2022. Material im Besitz der Autorin.

als negativ empfinde. Das Vergnügen zu Wettbewerben, *to be the first one* – also immer stärker oder reicher sein als der Andere. Das braucht die Welt heute nicht mehr. Wir brauchen etwas anderes, andere Werte. [...] Ich wünsche mir, dass *weibliche* Werte in der politischen Welt mehr Platz einnehmen. Dass es mehr Politikerinnen und Politiker gibt, die wie ANGELA MERKEL (ehem. Deutsche Bundeskanzlerin) oder JACINDA ARDERN (Premierministerin Neuseelands) sind. JACINDA ARDERN politisiert mit [...] Barmherzigkeit, Mitleid, Nächstenliebe und Respekt vor anderen. [...] Sie wagt es in der Politik anders zu sein. Und auch die Weise, wie ANGELA MERKEL Politik macht, gefällt mir: mit ihrem Mut und ihrem Herz», erklärt GABRIELLE NANCHEN.[136]

MONIKA WEBER sagt, dass sich Frauen und Männer in den vergangenen 50 Jahren sehr verändert hätten. «Dafür hatten auch die wirtschaftlichen Veränderungen einen grossen Einfluss. Es gab damals praktisch keine Teilzeitjobs. Von Patchwork-Familien hatte man keine Ahnung. Die damaligen Horte in der Schule waren vor allem für die «ärmeren Kinder» gedacht. Vieles, was wir heute als selbstverständlich anschauen, gab es erst mit der Zeit. Die Wirtschaft brauchte Frauen, die arbeiteten. Und so musste das Leben, die Familien, die Schulen, die Versicherungen, die Ladenöffnungszeiten usw. diesem Umstand angepasst werden. Entsprechend schaffte auch die Politik die nötigen Anpassungen. Vieles musste erkämpft werden. Anderes wurde einfach selbstverständlich angepasst.»[137]

---

136 Gespräch mit GABRIELLE NANCHEN (per Telefon) vom 21.07.2020. Audioaufnahme im Besitz der Autorin.
137 Gespräch mit MONIKA WEBER vom 17.03.2022. Material im Besitz der Autorin.

8
BLICK AUF HEUTE

POLITISCHER TEIL

8.1 Entwicklung des Frauenanteils [138]

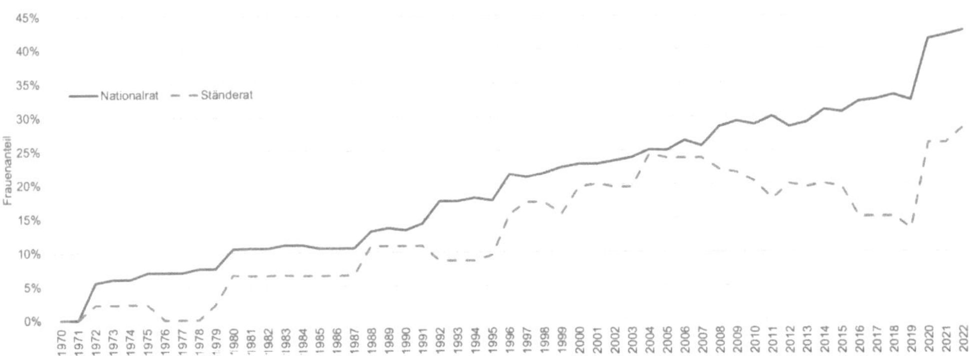

Abb 6: ENTWICKLUNG DES FRAUENANTEILS (1977–2020) Entwicklung des
Frauenanteils im Nationalrat und im Ständerat jeweils am 01.01. des entsprechenden Jahres.

Seit 1971 (oder wie auf der Grafik 1977) ist der Frauenanteil im Nationalrat bis auf kleine Ausnahmen stetig gestiegen. Im Ständerat hingegen sieht es etwas anders aus. Bis 2004 stieg der Frauenanteil sehr unregelmässig und sank danach erneut ab. 2019 war der Frauenanteil im Ständerat so tief wie schon lange nicht mehr.

Im Hinblick auf die nationalen Wahlen 2019 wurde im September 2018 die Kampagne *Helvetia ruft* gegründet. Die Schweizer Frauenorganisation *alliance F* und die *Operation Libero* wollten so eine ausgeglichenere Geschlechterverteilung in Schweizer Parlamenten und Regierungen anpeilen. Parteien wurden aufgefordert, eine ausgeglichenere Geschlechterverteilung auf den Wahllisten zu haben, und Frauen auf die Hauptliste und prominenten Listenplätze zu setzen. Denn je weiter oben auf der Liste, desto eher wird man gewählt. Ausserdem wurden Frauen gesucht und motiviert, für einen Parlamentssitz zu kandidieren. Es meldeten sich über 500 Frauen. Vermutlich erging es ihnen wie den Frauen einst vor 50 Jahren. Sie wollten eine Veränderung und wussten, dass sie dafür ihren Beitrag leisten mussten. Denn «Veränderungen kommen nicht, wenn man auf andere Menschen oder eine bessere Zeit wartet. Wir sind diejenigen, auf die wir gewartet haben. Wir sind die Veränderung, die wir suchen.»[139]

Selbst fast 50 Jahre nach der Einführung des Frauenstimmrechts auf eidgenössischer Ebene müssen Frauen immer noch ermutigt werden, in die Politik einzusteigen. Die

---

138 Dieses Unterkapitel beruht auf https://de.wikipedia.org/wiki/Helvetia_ruft (05.12.2020)

139 Gesagt von Barack Obama am 5. Februar 2008 (damals Präsidentschaftskandidat, später der 44. Präsident der USA) während einer Rede in Chicago.

Gründe, weshalb dies so ist, haben sich womöglich auch nicht gross verändert. Die Doppelbelastung von Familie und Beruf, das Herumschwirren der Frage im Kopf «Kann ich das?» oder die Angst vor Fragen wie «Kann sie das?». Das hat sehr viel mit der Erziehung von Mädchen zu tun. Sie werden angepasst erzogen, leistungsorientiert, sozial integriert, vermittelnd.

14. Juni 2019 – der zweite landesweite Frauenstreik – «Lohn, Zeit, Respekt»[140]. Es ist, als wurde man aus dem Schlummer aufgerüttelt. Als sei einem wieder vor Augen geführt worden, welche Veränderungen noch angestrebt werden müssen. Als passiv-politischer Akt der Frauenförderung beschlossen viele Stimmbürger*innen, mehr Frauen als sonst auf den eigenen Stimmzettel zu setzen.

Auch die Folgen der Klimademonstrationen sind nicht zu unterschätzen, die seit dem Dezember 2018 auch in der Schweiz stattfinden. Viele Jugendliche haben dadurch ein Interesse an Politik entwickelt. Neue Politiker*innen stiegen mit dem Wunsch, etwas zu verändern, in die Politik ein.

2020 ist der Frauenanteil in beiden Räten so hoch wie nie zu vor. Inwiefern sich die beiden Kurven im Laufe der Zeit verändern werden, steht noch in den Sternen geschrieben. Doch wie diese Kurven zukünftig aussehen werden, liegt in der Hand jeder und jedes einzelnen. Sei das nun durch die aktive Aufstellung zur Wahl oder durch das Ausfüllen der Stimm- und Wahlzettel.

8.2 Wandel der Zeit [141]

Seit der Einführung des Frauenstimmrechts auf eidgenössischer Ebene sind 50 Jahre vergangen. In dieser Zeit hat sich manches verändert. So auch die Vorstellungen von Normalität. Dass Frauen Politikerinnen sind oder an die Urne gehen, wundert wohl niemanden mehr. Akzeptanz hat auch etwas mit Normalität zu tun. ROSMARIE ZAPFL-HELBLING meint, dass das Frausein in der Politik durch diese Selbstverständlichkeit heute einfacher ist. Sie weist aber auch auf die Geschichten hin, die Politikerinnen heute noch zum Thema «Sexismus» und «Nichternstgenommen-werden» erzählen. «Es ist schon einfacher, in der Politik dabei zu sein, aber man hat immer noch von ganz vielen die gleichen Abneigungen», meint sie. Ausserdem erzählt sie, dass es heute noch Männer gibt, die ihr sagen: «1971 haben wir einen riesigen Fehler gemacht.»

Heute haben wir einen Frauenanteil von über einem Drittel im Parlament. Einen Bundesrat ohne Bundesrätinnen können wir uns nicht mehr vorstellen. Wir hatten kurzfristig (2010 – 2011) eine Bundesrätinnen-Mehrheit. Auch auf kantonaler und kommunaler Ebene ist es normal und selbstverständlich, dass auch Frauen politische

---

140 https://de.wikipedia.org/wiki/Frauenstreik#Schweizer_Frauenstreiks_1991_und_2019 (05.12.2020)
141 Dieses Unterkapitel beruht auf den Gesprächen mit GABRIELLE NANCHEN, ROSMARIE ZAPFL-HELBLING und LILI NABHOLZ.

Ämter haben, erzählt LILI NABHOLZ. Nun würde es nicht mehr auffallen, dass die Politik einst nur den Männern vorbehalten wurde. «Es hat sich positiv verändert. Dass sich Frauen auch mehr getrauen und, dass sie durchsetzungsfähiger und selbstbewusster geworden sind. Sie fordern ihre Sachen ein, wenn sie denken, dass sie Anspruch darauf haben im politischen Leben. Sie befassen sich nicht nur mit irgendwelchen Randthemen, sondern mit allen zentralen harten Themen, die früher eher männerdominiert gewesen sind», meint sie.

GABRIELLE NANCHEN denkt, dass Frauen damals viel besser akzeptiert wurden, als sie wenige und neu waren. «Heute sind Frauen für ihre männlichen Kollegen keine seltenen Vögel mehr, sondern genauso politische Gegner*innen oder Konkurrent*innen wie alle anderen», erzählt GABRIELLE NANCHEN. «Heute ist eine Frau, sogar eine hübsche Frau, im Nationalrat nicht mehr etwas Exotisches oder Neues. Eine Politikerin ist ein(e) Politiker*in, wie jeder andere Politiker auch. Man kämpft gegen diese Politikerin genauso stark wie gegen einen Politiker. [...] Aber man mag die Frauen weniger – man mochte uns sehr, weil wir etwas Neues waren.»

8.3 In alte Muster verfallen [142]

«Es wurde selbstverständlicher. Das Abstimmen sowieso, aber auch Frauen in Politikerinnen-Rollen. Zum Teil hat es schon fast etwas abgenutzt. Der Aufbruch ist etwas weg. Es wurde etwas Alltägliches. Das ist auch ein bisschen eine Gefahr, dass man Dinge nicht mehr macht oder nicht gleich ernst nimmt, die aber wichtig sind. [...] ZITA KÜNG sagte einmal: "Das Patriarchat ist wie die Schwerkraft, wenn man nichts darunter hält, dann fällt es immer hinunter" und da ist etwas dran. Man muss immer sagen: "Hallo, hallo, hallo", weil man sonst wieder in eine bequeme Routine fällt», erzählt MONIKA STOCKER. Auch wenn sich viele Dinge verändert haben, sind *alte Muster* nach wie vor präsent. Dadurch besteht die Gefahr, dass aus Bequemlichkeit wieder in sie zurückgefallen wird.

Auch LILI NABHOLZ ist der Meinung, dass die Arbeit noch nicht getan ist und dass die jüngere Politikerinnen-Generation zu vergessen haben scheint, für ihre Anliegen zu kämpfen. «Sie konnten bereits viel übernehmen, was die Vorkämpferinnen für sie erreicht haben. Leider haben viele vergessen, dass sie den Stab an eine nächste Generation mit einem entsprechenden Leistungsausweis weitergeben sollen. Viele gehen sogar so weit, dass sie, wenn man von Emanzipation, Frauenrecht oder Diskriminierung spricht, die Hände verwerfen und überhaupt nichts davon wissen wollen. Wahrscheinlich aus Angst, dass sie sich eine Angriffsfläche oder eine Blösse geben würden. [...] Es gibt ein chinesisches Sprichwort: "Eine Generation baut die Strasse auf, auf der die nächste gehen kann." Und so sehe ich das auch», meint LILI NABHOLZ.

---

142 Dieses Unterkapitel beruht auf den Gesprächen mit LILI NABHOLZ und MONIKA STOCKER.

GESELLSCHAFTLICHER TEIL

8.4 Vom Wahn der Weiblichkeit und der Männlichkeit[143]

Männlichkeit und Weiblichkeit verändern sich andauernd und auch wenn global immer weniger Unterschiede zwischen den Kulturen verschiedener Länder existieren, gibt es doch noch Unterschiede. Somit auch in der Gestaltung der Geschlechterbilder. «Klischees existieren, sie sind kulturell gewachsen. Problematisch ist, dass man in sie hineinsozialisiert wird.»[144]

«So eine Geschlechterrolle wird sich nicht selbst spielen. Mädchensein erfüllt sich nicht von allein, es ist ein Tun – das ist es, was die Formulierung *doing gender* meint: Wir müssen es *tun*, und zwar ständig.»[145]

Zudem existieren meist auch in derselben Kultur mehrere Klischeevorstellungen parallel. Männlichkeit fängt da an, wo Weiblichkeit aufhört. So sind die beiden definiert und doch verschmelzen sie andauernd. Das Überleben dieser Bezeichnungen lebt von den Unterschieden beider und fühlt sich von deren Gemeinsamkeiten bedroht.

Den meisten Menschen ist mehr oder weniger bewusst, dass eigentlich jede Frau und jeder Mann verschieden ist. Auch wenn Männern oder Frauen immer gewisse Eigenschaften zugeschrieben werden. Dadurch sollte auch bekannt sein, dass keine Person die totale Verkörperung des eigenen Geschlechterklischees ist und gleichzeitig keine Merkmale des anderen Geschlechts besitzt. Somit kann man als Frau einem Mann auch ähnlicher sein, als einer anderen Frau. Alle haben «männliche» sowie «weibliche» Charakterzüge und Handlungsweisen. «Wäre es nicht besser, statt von Frauen und Männern aus Blut und Knochen von einem männlichen Pol und einem weiblichen Pol zu sprechen, die beide bei beiden Geschlechtern vorhanden sind? Oder auch von einem mannlichen Prinzip und einem weiblichen Prinzip, die beide das Verhalten aller Menschen leiten?».[146] Die Diskrepanz innerhalb eines Geschlechts ist viel grösser als zwischen den Geschlechtern. Aber trotzdem wird mehrheitlich das Geschlecht als bestimmendes Merkmal für Ähnlichkeit genommen.

Nun lässt sich über die Relevanz der Einteilung streiten. Abschaffung oder doch bloss Neudefinition? Neben der unterschiedlichen Auslebung des sozialen Geschlechts, ist auch in der Biologie kein strikt duales System anzutreffen.

---

143 Dieses Kapitel beruht im Wesentlichen auf LICHTENSTEIGER, SIBYLLE / ENZ, SONJA / GLOOR, ALAIN. Geschlecht jetzt entdecken. Stapfer Haus: . 2020.

144 LICHTENSTEIGER, SIBYLLE / ENZ, SONJA / GLOOR, ALAIN. Geschlecht jetzt entdecken. Seite 12

145 STOKOWSKI, MARGARETE. Untenrum Frei. Seite 26

146 NANCHEN, GABRIELLE. Liebe und Macht. Gedanken zu den weiblichen und männlichen Werten. Seite 219.

Bei ungefähr einem Prozent aller Menschen stimmt das Geschlechtschromosom nicht mit dem primären Geschlechtsteil überein. Bekannt ist dies unter dem Namen DSD, welches für *Disorders of Sex Development* steht. Ausserdem ist beinahe jeder menschliche Körper ein Patchwork genetisch unterschiedlicher Zellen, die nicht immer dem Geschlecht des Körpers entsprechen. Somit sind die Grenzen zwischen den Geschlechtern also keinesfalls so klar, wie immer angenommen wird, sondern in Wirklichkeit fliessend.[147]

Bei DSD spricht man auch von Intergeschlechtlichkeit. Es kann vorkommen, dass Kinder mit Genitalien zur Welt kommen, die eine Mischung aus weiblichen und männlichen Geschlechtsteilen sind. Seit den 1950er Jahren werden Kinder, denen nicht eindeutig das männliche oder weibliche Geschlecht zugewiesen werden kann, operiert. Eine Praktik, die heute nicht mehr unumstritten ist. Dieses Vorgehen wurde auf die Theorie des Psychologen und Sexualwissenschaftlers JOHN MONEY gestützt, «wonach ein Kind in psychosexueller Hinsicht neutral geboren wird, um dann in eine bestimmte Richtung, zu einem Mädchen oder zu einem Knaben erzogen zu werden, wobei die Erziehung zu einem der beiden Geschlechter eindeutige Genitalien erfordere.»[148]

Neben dem 23. Chromosom und anderen Teilen unserer Gene prägt auch unser Hormonspiegel unser biologisches Geschlecht. Genauer gesagt der Hormonspiegel der Androgene Testosteron und Androstendion, der Östrogene und des Gestagens Progesteron. Jeder Mensch besitzt alle diese, jedoch werden die ersten beiden als männliche Hormone und die letzten beiden als weibliche bezeichnet. Der Hormonspiegel all jener variiert von Person zu Person. Jedoch haben Frauen mehr Östrogene und Gestagene und Männer mehr Androgene.

Weiblichkeit und Männlichkeit stellen also auch im biologischen Sinne bloss die extremen Endglieder der Geschlechtsmerkmale dar. «Von unendlich vielen Geschlechtern zu reden, ergibt aber auch keinen Sinn, weil der Begriff «Geschlecht» dann alles und nichts bedeutet».[149]

8.5 Sexuelle Gewalt

Wir leben in einer Gesellschaft, in der Frauen sich in der Nacht mit Schlüssel, Handy oder Pfefferspray bewaffnen und ihnen beigebracht wird, jeden Mann in der Nacht als potenziellen Täter zu sehen. Das Männerbild stimmt einem traurig. Als Mädchen oder als noch «begehrlich» geltende Frau, kann einem schnell das Gefühl gegeben werden, als wäre man in der Nacht ein Fremdkörper auf den Strassen. Man solle schnell nach

---

147 Stark übernommen aus:
LICHTENSTEIGER, SIBYLLE / ENZ, SONJA / GLOOR, ALAIN, Geschlecht jetzt entdecken, S. 28.
148 BÜCHLER, ANDREA / COTTIER, MICHELLE, Intersexualität, Transsexualität und das Recht. Geschlechtsfreiheit und körperliche Integrität als Eckpfeiler einer neuen Konzeption, S. 116
149 LICHTENSTEIGER, SIBYLLE / ENZ, SONJA / GLOOR, ALAIN, Geschlecht jetzt entdecken, S. 32

Hause gehen und möglichst nicht allein unterwegs sein – sich melden, wenn man die eigene Wohnung, also den sicheren Hafen, erreicht hat. Dabei sind es meist nicht die anderen Hunde, die einem beissen, sondern die eigenen.

Die Studie *Gewalt in der Familie und im nahen sozialen Umfeld* des ÖIF (Österreichischen Institut für Familienforschung) von 2011 hat je etwas mehr als tausend Frauen und Männer bezüglich Gewalt in der Familie sowie im sozialen Umfeld befragt. «Während Männer vor allem im öffentlichen Raum körperlichen Übergriffen ausgesetzt sind [...] [erleben Frauen] den grössten Teil von Gewaltübergriffen in der eigenen Wohnung beziehungsweise in der Wohnung anderer, also im nahen sozialen Umfeld.»[150]

2016 konnte man im *Spezial-Eurobarometer 449*, bei dem es um geschlechterspezifische Gewalt geht, erschreckendes bezüglich sexueller Gewalt lesen. 27% der Befragten waren sich einig, dass in mindestens einem der folgenden Fälle eine Vergewaltigung gerechtfertigt werden könne: Trunkenheit oder Drogenkonsum (12%), freiwillig mit jemandem nach Hause gehen (11%), sich «freizügig», «provokativ» oder «sexy» kleiden (10%) und nicht klar Nein sagen oder körperlich wehren (10%).[151] Bei diesen «Rechtfertigungen» einer Vergewaltigung wird auch von *victim blaming* gesprochen.

Ein grosses Problem ist, dass einem weniger beigebracht wird, nein zu sagen. Eine Frau wird eher mental auf die Möglichkeit eines sexuellen Übergriffs oder einer Vergewaltigung vorbereitet, so perfide das klingt. «Zieh das nicht an.» «Geh da nicht hin.» «Ruf mich an.» Sexuelle Übergriffe werden immer sichtbarer gemacht, aber es wird noch zu wenig in die Prävention investiert.

Auch Männer können sexuell belästigt werden und auch Frauen können sexuell belästigen. Die Studie *Gewalt in der Familie und im nahen sozialen Umfeld* des ÖIF hat herausgefunden, dass 10% aller Täter*innen Frauen sind. Über sexuelle Gewalt an Männern wird wenig gesprochen. Häusliche Gewalt an ihnen wird ebenfalls tabuisiert. Wenig Bekanntes fällt einem ein. Vielleicht JOHNNY DEPP und seine Ex-Frau AMBER HEARD.

Männer gelten oft immer noch als das stärkere Geschlecht. Viele können sich nicht vorstellen, wie eine Frau einen Mann in eine solche Lage bringen könnte. Aber Frauen können Männer genauso psychisch, körperlich und sexuell Gewalt antun. Vergessen wird auch, dass nicht jede Frau den Körper einer zierlichen Fee hat und nicht jeder Mann der eines Bären. Ein weiblicher Körper kann einem männlichen in Kraft überlegen sein.

Es scheint, als würde diese Gewalt Frauen auch eher verziehen werden, weil sie als schwächer gelten. Oft wird die Gefahr dadurch auch unterschätzt, da eine Frau selbst

---

150 https://www.aoef.at/index.php/studien-zu-gewalt/154-gewalt-in-der-familie-und-im-nahen-sozialen-umfeld (05.03.2022)

151 European Commission, Special Eurobarometer 449, Gender-based Violence, 2016.

dann nicht als ernsthafte Bedrohung wahrgenommen wird, wenn sie eine ist. Zum anderen kommt das anerzogene «Ehrgefühl» hinzu, diese Hemmung, den vermeintlich schwachen Frauen nichts zu tun, also wehren sie sich nicht.[152]

Männern fällt es schwerer, sich in der Opferrolle und Frauen in der Täterinnenrolle zu sehen, da es nicht mit dem Selbstbild des starken, körperlich überlegenen Mannes zu vereinbaren ist. Sie haben Angst, dass ihnen nicht geglaubt wird und sie am Ende noch selbst als Täter dastehen. Nicht ganz jeder zehnte Mann erlebt sexuelle Gewalt.[153]

8.6 Sexualität und Körper[154]

Sich als Frau zu rasieren, ist unterdessen kein Schönheitsbrauch mehr, sondern wird bereits als Teil der routinemässigen Hygiene gezählt. Es ist zu einer Notwendigkeit geworden, wie das Zähneputzen. Körperhaare sind zu etwas geworden, für das man sich als Frau schon beinahe schämen muss. Etwas, das an einer Frau als unhygienisch gilt. Selbst in Filmen, die von Apokalypsen handeln, sind Frauen immer glattrasiert. Wie schaffen sie das bloss, während sie um ihr Überleben kämpfen?

Körperhaare an Frauen scheinen, in der Öffentlichkeit immer weniger zu existieren. Selbst in Rasiererwerbungen rasieren sich die Models die bereits haarlosen Beine. Dabei wird vergessen, dass die Haare aus einem Grund existieren. Je nach Ort fangen sie Krankheitserreger ab, die sonst in den Körper gelangen würden.

Haarige Beine und Achseln gelten als männlich, dabei sind sie genauso ein Produkt der weiblichen Pubertät. Mit einer extremen Verbissenheit wird dieses Zeichen des Frauseins wieder entfernt. In wenigen Momenten scheint *frau* sich weiblicher zu fühlen, als beim Enthaaren, obwohl das Fehlen dieser Haare ein Zeichen eines kindlichen Körpers ist. Die Haardebatte ist somit mit der Infantilisierung von Frauen verknüpft und wirft eine Frage der Pädophilie auf. Hier spielt auch die frühe Sexualisierung von Mädchen hinein. Für dies muss man bloss Zeitschriftenartikel über junge bekannt gewordene Mädchen lesen. Wie den Artikel in der *Rolling Stone* von 1999 über die Sängerin BRITNEY SPEARS. Ihre Darstellung auf dem Titelbild ist auch erschreckend. Sie war noch nicht volljährig und in Unterwäsche mit einem Stofftier abgebildet. Niemand wäre auf die Idee gekommen, einen Jungen im gleichen Alter auf diese Weise darzustellen. Diese Art der Pädophilie ist bereits so stark normalisiert, dass sie kaum noch als etwas Schockierendes wahrgenommen wird.

Es wird immer gesagt, dass Mädchen schneller erwachsen sind als Knaben. Führungspositionen werden ihnen trotzdem nicht empfohlen. Aber das wird nur gesagt, damit

---

152 https://www.aerzteblatt.de/archiv/186686/Haeusliche-Gewalt-gegen-Maenner-Unbeachtet-und-tabuisiert (26.02.2022)

153 Gewalt in der Familie und im nahen sozialen Umfeld (aoef.at) (5.03.2022)

154 Dieses Kapitel beruht im Wesentlichen auf STOKOWSKI, MARGARETE. Untenrum Frei.

ein zweiundzwanzig-Jähriger seine Beziehung mit einer fünfzehn-Jährigen legitimieren kann. Oder ein fünfzig-Jähriger einer siebzehn-jährigen Schauspielerin *hinterher geifern* kann. Was wird denn als unerwachsenes Verhalten bezeichnet? Meist sind es zweideutige Sprüche. Mädchen werden nicht schneller erwachsen, sie verheimlichen bloss ihr sexuelles Erwachen.

Sexualisierte Darstellungen von Männern sind seltener. Männliche Nacktheit in Filmen kommt weniger häufig vor als weibliche. Vom männlichen Körper wird weniger gezeigt als vom weiblichen. Das liegt daran, dass der weibliche Körper immer noch weitaus mehr sexualisiert wird als der männliche, und bei weitem die meisten Filme von heterosexuellen Männern produziert werden und sich die Nacktheit in den Filmen auch oft mehr an letztere wendet. Bekannt ist diese Art der Kameraführung, in der die Kamera bewusst an Stellen des weiblichen Körpers verharrt und sie übersexualisiert in Szene setzt, auch als *the male gaze*. Die Kamera entmenschlicht die auf diese Weise gefilmten Frauen und macht sie zu einem Objekt. Sie werden wie Requisiten behandelt. Schauspielerinnen tragen kurze und Figur betonte Kleidungsstücke, während ihre männlichen Kollegen «normal» angezogen sind.

Der männliche Protagonist ist stark und selbstsicher. Die Frau mit der höchsten Bildschirmzeit der wenigen weiblichen Charaktere das Objekt der Begierde und *Love Intrest* des Protagonisten und gleichzeitig des Publikums.

Der *male gaze* ist neben Filmen, Musikvideos und Videogames aber auch in der Werbung zu sehen. Irgendwann verinnerlicht man als Frau diesen Blick auf sich selbst und zwingt sich so jeden Tag zu jeder Zeit gut auszusehen. Immerzu fragt man sich, wie man nun aussieht. Man beginnt sich danach zu sehnen angeschaut, begehrt und gewollt zu werden. Es wird einem beigebracht, dass die eigene blosse Existenz letztendlich dazu dient, den Männern um einem herum zu gefallen. Eine Augenweide zu sein. Dass das ganze Selbstwertgefühl an die Wertschätzung der Männer gekoppelt ist. Der *male gaze* führt somit zu einer Körperdysmorphie, die schlecht losgeworden werden kann.

Der Begriff *female gaze* existiert ebenfalls. Auch bei ihm findet eine Performance der Weiblichkeit statt. Es geht um Schönheit und Reinheit. Zierlichkeit und eine gewisse Niedlichkeit. Aber im Allgemeinen geht es mehr darum, was das Publikum fühlt, als darum, was es sieht.

Oft wird angenommen, dass es sich beim *female gaze* um die Umkehrung des *male gaze* handelt, was aber nicht stimmt. Es werden keine durchtrainierten Männer von Kopf bis Fuss abgefilmt. Der *female gaze* bevorzugt «feminine» Männer gegenüber den «maskulinen». Das kann man gut an Liebesfilmen betrachten, in denen der *love interest* der Hauptperson nie aussieht, als ob er heimlich ein Superheld ist oder in der Freizeit

Autos hebt. Dies liegt vor allem daran, dass dieses ultramaskuline mit untreue, Aggressivität und Narzissmus verbunden wird.[155]

Wir leben in einer Gesellschaft, in der im Marketing die heimliche Übereinstimmung *Sex sells* zu gelten scheint.[156] Obwohl unserer Gesellschaft das Thema Sex eigentlich doch irgendwie peinlich ist. Sex gilt als Privatsache. Es wird wenig gelehrt, «was Sex ausserhalb der biologischen Fortpflanzungsmechanismen zweier heterosexueller Menschen ist.»[157]

Mit *Sex sells* sind meist nackte oder halbnackte Frauenkörper gemeint. Die Frauen sind «schlank, gross, jung, glatt, meistens mit heller Haut, ohne Behinderung und sportlich.»[158] Männer sind eine Seltenheit. «Entblösste junge Frauen sind das Symbol für Sex schlechthin. Und es müssen nicht mal komplette Frauenkörper sein – einzelne Körperteile reichen. Ein Mund, ein Bein, ein Dekolleté.[159] [...] Eine Gesellschaft, die die nackten Körper oder Körperteile von Frauen nicht mehr trennen kann von Sex oder Erotik oder der eigenen Sexualität, hat ein Problem mit ihrem Frauenbild.»[160]

Auch wenn Frauen in der Werbung und Medien übersexualisiert werden, werden sexuell expressive Frauen als «Schlampen» beschimpft. Allgemein sind die Beleidigungen «Hure», «Nutte» und «Bitch» für Frauen sehr beliebt – egal wie sexuell expressiv sie sind. Für einen Mann «Nuttensohn», «Hurensohn» oder Sprüche wie: «Das hat deine Mutter auch gesagt, als ich in der Früh aus ihrem Bett gekrochen bin» oder «Petz das doch deiner Mutter – ach nein, geht nicht, denn ich habe sie bis zum Nord Pol gef*ckt.» Ein altes Bild: Die Ehre eines Mannes kann nicht durch seine eigenen Taten befleckt werden, sondern durch die Taten eines anderen Mannes an einer ihm nahstehenden Frau. Auf die ganze Frage der Hintergründe einer Prostitution und die Rollen von Männern dabei wird nicht eingegangen.

Als Marketingstrategie ist *sex sells* aber doch nicht so überzeugend, wie gedacht. Studien haben gezeigt, dass Sex in Werbung für potenzielle Käufer*innen so interessant ist, dass sie «vom Produkt abgelenkt werden und die Wahrscheinlichkeit, dass sie das Produkt kaufen, nicht steigt.»[161]

Vulven sind unsichtbar. Als sei eine Vulva mehr Legende als Realität und nicht etwas,

---

155 Die Teile, in denen *the male gaze* und *the female gaze* vorkommen, stammen aus: The «Male Gaze» is Why You're Ugly. Salem Tovar. 18.08.2021

156 Anmerkung: Wenn Sie sexistische Werbung im Öffentlichen Raum sehen, dann können Sie anstelle still vor sich hin zu brodeln der Firma unverfroren eine E-Mail schreiben.

157 STOKOWSKI, MARGARETE, Untenrum Frei, S. 115.

158 STOKOWSKI, MARGARETE, Untenrum Frei, S. 77-78.

159 STOKOWSKI, MARGARETE, Untenrum Frei, S. 72.

160 STOKOWSKI, MARGARETE, Untenrum Frei, S. 75.

161 STOKOWSKI, MARGARETE, Untenrum Frei, S. 75.

dass in jeder zweiten Unterhose steckt. Die Penispräsenz ist sehr stark im Vergleich zur Vulvapräsenz. In der Bahnhofsunterführung fallen einem die Penisgraffitis kaum mehr auf. Vulva Pic ist im Gegensatz zu Dick Pic kein geläufiger Begriff, und in katholischen Kirchen nach barocker oder Rokoko Art ist bei weiblichen Statuen im Gegensatz zu männlichen da, wo das Genital sein sollte, gähnende Leere. Es gibt keine weiblichen Engelchen, die fröhlich als Brunnen pullern – nur schon der Gedanke scheint obszön. Auch bei der Geschlechtsteilbezeichnung gibt es Unterschiede. Während bei beiden Geschlechtern die Haare des Intimbereichs als Schamhaare bezeichnet werden, scheint der weibliche Körper weitaus schambehafteter zu sein als der männliche. Während von Schamlippen und nicht etwa von Vulvalippen gesprochen wird, existiert der Begriff Schambeutel anstelle von Hoden nicht. Die Vulvalippen-Verkleinerung erfährt momentan einen grossen Hype. In der Schweiz ist zwischen 2017 und 2022 die Nachfrage nach Vulvalippen-«Korrekturen» um die Hälfte angestiegen. Die meisten Patientinnen* sind 18 bis 25 Jahre alt. Ein Grund für den starken Anstieg: die Pornoindustrie mit der «Pornopussy».[162] Der Schamhügel über dem Schambein hat zum Glück aber auch noch den nicht beschämten Namen Venushügel. Der weibliche Nippel ist ebenfalls schambehafteter als der männliche – seltsam, wenn man bedenkt, dass der weibliche tatsächlich einen Nutzen hat. Nichtsdestotrotz wird er laufend zensiert und versteckt – immerzu übersexualisiert, wie auch die weibliche Brust an sich. Kaum ein anderes Körperteil am weiblichen Körper löst so viele Unsicherheiten aus. 2019 wurden mehr als 1'795'550[163] Brustvergrösserungen weltweit durgeführt – als Vergleich: Das wären alle Menschen, die in den Kantonen Zürich, Graubünden und Nidwalden leben. Das Gegenstück zur Brustvergrösserung ist die Brustverkleinerung, die nicht bloss bei Brustkrebs durchgeführt wird.

Trotz weniger schambehafteten Begriffen und einem weniger schambehafteten Umgang mit männlichen Genitalien, haben Männer ebenfalls Unsicherheiten. Ist der Penis genug gross – oder zu gross? Hängen die Hoden zu fest oder zu wenig. Sind sie zu gross oder zu klein? Ist alles etwas zu krumm? Auch hier hat die Zahl der Schönheitsoperationen zugenommen.

Unsere Sprache prägt unseren Umgang mit Dingen. Alles, was mit der Vulva zu tun hat, scheint etwas beschämend zu sein. Über weibliche Erregung und Masturbation wird weitaus weniger gesprochen als über männliche. Frauen wird weniger beigebracht herauszufinden, was sie wollen, sondern eher, wie sie einen Partner[164] zufrieden stellen können. Aber weshalb sollte man sich bemühen ein gutes Sexobjekt zu sein, um dann schlechten Sex zu haben? Aus welchen Gründen haben dann Frauen Sex?

Die Studie *Archives of Sexual Behavior* des Psychologen und Sexologen KENNETH J. ZUCKER

---

162 https://www.blick.ch/life/schoenheitswahn-in-der-intimzone-bei-jungen-frauen-boomen-scham-lippen-ops-id17262834.html (20.03.2022; 14:41)

163 https://www.caepv.org/how-many-breast-implants-worldwide/ (20.03.2022; 15:43)

164 Anmerkung: Gesellschaft sehr Heteronormativ.

hat sich mit dem Unterschied der Orgasmushäufigkeit von Frauen und Männern befasst. Dabei hat er bewusst einen Blick auf die sexuelle Orientierung der Teilnehmenden geworfen. Bei den Männern waren es 88% der bisexuellen, 89% der homosexuellen und 95% der heterosexuellen, die beim Sex normalerweise einen Orgasmus haben. Bei den Frauen 66% der bisexuellen, 86% der homosexuellen und 65% der heterosexuellen. Frauen gaben an, dass sie öfter zum Orgasmus kamen, wenn sie sagten, was sie wollten und im Bett allgemein aktiver waren. Wenn die Zahlen gesamthaft angeschaut werden, dann sind dies 91% der Männer und 72% der Frauen.[165]

Von Männern wird angenommen, dass sie stark sexuelle Wesen sind. Sie lernen offen untereinander über das Thema zu sprechen, weil es nicht als etwas Beschämendes angesehen wird – solange sie ein merkliches sexuelles Bedürfnis verspüren. Von ihnen wird beinahe erwartet, dass sie Pornos schauen und ob man(n) will oder nicht, rutscht man(n) in das hinein. Aber es wäre einem dann schon unangenehm, wenn die Mutter, Schwester oder Freundin in solchen Filmen mitspielen würde, obwohl man selbst ein Grund für deren Produktion ist.

Auf Männern lastet ein Performance-Druck. Sie haben das Gefühl, wissen zu müssen, wie alles geht. Es ist, als würde ihnen gesagt werden, sie müssten in jeder Sekunde ihres Lebens Sex haben wollen. Es wird gesellschaftlich als viel normaler angesehen, wenn eine Frau kein Sex haben möchte, als wenn ein Mann nicht will. Wenn ein Mann ein geringes Sexualbedürfnis verspürt, dann hat er viel öfter das Gefühl, dass er nicht ganz normal ist. Unter der zementierten Annahme, dass Frauen beim Sex passiv seien und Männer aktiv, haben nicht nur Frauen zu leiden.

Auch was heterosexuelle romantische Beziehungen angeht, ist der Gedanke, dass beide etwa gleich initiativ sind, nicht die Norm. Der Druck auf Männer ist höher, mehr Schritte zu initiieren. Oft wird Männern beigebracht, dass sie sich Frauen stückweise unterwerfen müssen. Sie übernehmen gewissermassen eine Dienerrolle. Hier scheinen Frauen trotz passivem Teil jene zu sein, die in der Macht stehen. Die Formalitäten wie, dass der Mann die Rechnung im Restaurant bezahlt, die Türe öffnet, im Bus Platz macht und die Taschen trägt, sind Dinge, die boomen und dann wieder schwinden. Aber auch Männer haben Rosen verdient. Auch Männer können begehrt werden.

Die Frau wird überhöht und doch gleichzeitig als schwächer wahrgenommen. Selbständigkeit wird ihr stückweise abgestritten. Beinahe wie, wenn Männern die Hausarbeit und Kindererziehung nicht ganz zugetraut wird, als seien sie selbst noch Kinder, um die gesorgt werden müsste.

Der aktivste Teil, der von einer Frau bezüglich heterosexuellem Sex erwartet wird, ist

---

165 FREDERICK, DAVID / ST. JOHN, KATE / GARCIA, JUSTIN / LLOYD, ELISABETH, Differences in Orgasm Frequency Among Gay, Lesbian, Bisexual, and Heterosexual Men and Women in a U.S. National Sample, 2017.

die Verhütung. Viele Frauen nehmen jahrelang Nebenwirkungen auf sich, um nicht schwanger zu werden. Die Bereitschaft Geld in Technologien für Verhütung für Männer zu stecken und auch die Bereitschaft von Männern solche zu benutzen steigt. «It's better to unload the gun than shoot at a bulletproof vest», wie so schön gesagt wird.

In Indien wird seit Jahrzehnten an einer RISUG gearbeitet, was für *Reversible inhibition of sperm under guidance* steht. Das ist eine nicht-hormonelle Methode zur Empfängnisverhütung für den Mann. Es wird ein Vasalgel entwickelt, dass in den Samenleiter gespritzt wird. Dieses Gel verhindert durch den erzeugten pH-Wert, dass Spermien den Samenleiter verlassen. Die Samenflüssigkeit jedoch passiert ungehindert.[166]

Ausserdem wird seit den 90er Jahren an einem Samenleiterventil gearbeitet, das auch als *the sperm switch* bekannt ist. Wie der Name sagt, sollte das Ventil, das an den Samenleitern angebracht ist, mit einem Klick den Fluss der Spermien unterbrechen – oder wieder fortführen. Das Verhütungsmittel ist patentiert, aber noch nicht zugelassen.[167]

Eine andere Methode, an der geforscht wird, ist das Hodenbaden. Es ist hormonfrei und reversibel und funktioniert durch Ultraschall, dabei wird Wasser als Medium zur Übertragung genutzt. Durch die Erzeugung einer Tiefenwärme im Hodengewebe soll die Bildung von Spermien temporär unterdrückt werden.[168]

8.7 Kleider und Freiheit[169]

Wie viele Reizwäsche Boutiquen gibt es für Männer? Wie viele Schmuckläden? Wie viele Modezeitschriften? Werden sie auch so stark über ihr Aussehen definiert? Wird ihnen das nicht hübsch sein eher verziehen? Hören sie auch so oft, dass sie wieder zu- oder abgenommen haben?

Es gibt keine Zeitschriften für Knaben, in denen ihnen gezeigt wird, wie sie sich hübsch auf das Badetuch legen müssen und, dass der eigene Körper einen Haufen ungeahnter Defizite hat. Es existieren auch keine «Top und Flop Listen», die ihnen beibringen, wie sie sich für das andere Geschlecht *anmächelig* zu verhalten haben. Oder die «Who wore it better?» Vergleiche und vermeintlichen Sexratgeber, wie in Frauenzeitschriften.

Es gibt auch Männerzeitschriften, aber sie «bilden keineswegs das männerfeindliche Gegenstück zu den Frauenzeitschriften, indem sie in tausendfacher Ausführung

---

166 https://bacandrology.biomedcentral.com/articles/10.1186/s12610-017-0048-9 (26.02.2022)
167 https://bimek.com/ (26.02.2022)
168 https://myuterus.de/news/coso-die-neue-verhuetung-fuer-den-mann/ (26.02.2022)
169 Viel basiert auf den Gesprächen über *Mannsein* mit 18- bis 22-jährigen Männern aus meinem nahen Umfeld: ANDREAS SCHÖNENBERGER, DAVID MAITLAND, DOMINIK MÜHLEBACH, FABIAN STUBER, FELIX GANTHER, FELIX GLEDERBLOM, FLORIAN WEPFER, LAURIN SCHENKEL, LEANDRO GOHL, LUCA CONCONI, LUKAS AMIET, NOAH FREI, SIMON RIEHLE, TIMON ZBINDEN und TOMA LÜTHI.

erklären, wie man eine Vulva am geschicktesten leckt, selbst wenn man keinen Spass daran hat. Auch sie zeichnen hauptsächlich ein Bild von männlichem Begehren als etwas, das es um jeden Preis zu befriedigen gilt, und Frauen stellen sie als komplizierte Gören dar, die man irgendwie rumkriegen muss.»[170]

«Diese Zeitschriften animieren Männer zu dominantem Verhalten. *«Mach das, dann hast du sie in der Hand.»* Es wird gemacht, als würden alle Frauen gleich ticken. Sie werden als willenlos dargestellt, als Objekte. Mit ihnen könne man machen, was man wolle. Die Aussagen aus diesen Zeitschriften sind zum Teil nicht von Vergewaltigungsberichten zu unterscheiden.»[171]

Bei den folgenden drei Zitaten ist kaum auszumachen, ob es sich um Zitate aus Männerzeitschriften oder Vergewaltigungsberichten handelt:

«Ich denke, Mädchen sind wie Knetmasse. Wenn du sie aufwärmst, kannst du alles mit ihnen tun.»

«Ein Mädchen kann Analsex mögen, weil es sich dabei unglaublich frech fühlt und sie das Gefühl mag, eine dreckige Schlampe zu sein. Wenn das der Fall ist, kannst du alle Arten von erniedrigenden Handlungen ausprobieren, um ihr zu helfen, ihre schmutzige Fantasie auszuleben.»

«Die meisten Mädchen werden nur wiederwillig mit jemandem ins Bett gehen [ ]. Aber normalerweise kann man sie verführen, und dann tun sie es gern.» [172]

Männerzeitschriften werden aber weitaus weniger gelesen als Frauenzeitschriften. In Bahnhofskiosken sucht man vergeblich nach ihnen. Als hätten Männer keine Zeit zum Lesen oder keine Zeit solche Dinge zu lesen – besser so.

«Die Autorin REBECCA SOLNIT hat einmal über Zeitschriften wie die *Cosmopolitan* geschrieben: "Maybe it says a lot about the fragility of gendert hat instructions on being the two main ones have been issued monthly for so long."»[173]

Die körperlichen Schönheitsideale von Männern und Frauen sind gewissermassen Verkörperungen der Geschlechterrollen. *Der Mann ist stark. Er ist muskulös und gross.*

Knaben wachsen mit Superhelden auf. Ihnen wird gesagt, dass sie stark sind, dass ihnen die Welt zuhört und, dass die Welt sie braucht. Sie werden selbstbewusst erzogen.

---

170 STOKOWSKI, MARGARETE, Untenrum Frei, S. 93.

171 Gespräch mit FLURINA BATTAGLIA – einer Freundin – vom 05.03.2022. Audioaufnahme im Besitz der Autorin.

172 Alle drei Beispiele wurden von Margarete Stokowski gesammelt. Die ersten beiden sind aus Männerzeitschriften. STOKOWSKI, MARGARETE, Untenrum Frei, S. 94.

173 STOKOWSKI, MARGARETE, Untenrum Frei, S. 94.

Die Helden, die sie in den Filmen sehen, werden zu Vorbildern – nicht nur mental, sondern auch körperlich. Wenn Mädchen mit Superheldinnen erzogen werden, dann gilt das als revolutionär. Mädchen wird eher beigebracht gerettet zu werden, bewundernd zuzujubeln und später aus einem Mann mit harter Schale den weichen Kern herauszuschaffen.

Wenn man Knaben nach ihren Vorbildern fragt, dann sind das fast immer Superhelden und Sportler. «Sportler sind sehr populär. Deshalb gehen vermutlich auch Leute ins Fitnessstudio, die mit Sport eigentlich nichts am Hut haben.»[174]

Als Knabe wird einem das Gefühl gegeben, dass es das allerwichtigste ist sportlich zu sein. Wenn auf dem Ultraschallbild erkennbar ist, dass das Baby ein Knabe wird, beginnen bereits die ersten Verwandten von einem kleinen fussballspielenden Knäuel zu träumen. Später in der Schule, wird einem aufgetragen sich mit drei Adjektiven zu beschreiben. Sportlich ist sicher eines davon. Wenn man sportlich ist, dann gilt man als cool. Im Sportunterricht ist es, als würde es um Leben und Tod gehen. Es geht darum, wer der Schnellste, der Beste, der Stärkste ist. «Am Anfang ist alles ein Spiel, aber irgendwann beginnt man es ernst zu nehmen.»[175]

Irgendwann geht es nicht mehr bloss um ein Kräftemessen mit anderen Knaben. Man wird langsam älter und schaut sich im Spiegel zweimal an. Unsere Gesellschaft ist sehr *fatphobic*. Aber während es bei Frauen darum geht schlank zu sein, geht es bei Männern mehr darum, muskulös zu sein. In den letzten Jahren ist der Begriff *Lauch* unter Jugendlichen zu einem Teil des Grundvokabulars geworden. Er bezeichnet dünne Männer oder Knaben ohne sichtbare Muskeln. Manche beginnen das Hallenbad zu meiden, denn wirklich verstecken kann man da den eigenen Körper nicht. «Viele denken, dass sie Muskeln aufbauen müssen, weil sie zu dünn sind.»[176] Viele verbringen viel Zeit im Fitnessstudio. Wirklich glücklich werden sie oft aber nicht. «Je mehr ins Fitnessstudio gehen, desto höher steigt der Anspruch, dass man auch an seinem Körper arbeiten muss. [...] Wenn so viele trainieren gehen, wird man, wenn man es nicht macht, beinahe zu einem Aussenseiter.»[177]

«Irgendwann will man gut aussehen, um gut anzukommen. Wenn man Interesse an jemandem hat, versucht man so viel wie möglich herauszuholen. Und dann beginnt man nachzudenken: Was ist denn schön? Durch *social media* und andere Medien hat man ziemlich schnell ein Bild im Kopf, wie der perfekte Mann aussehen sollte.»[178] «Bücher und Filme tun so, als müssten Männer muskulös sein. Denn immer die Männer, die es

---

174 Gespräch mit LEANDRO GOHL vom 05.03.2022.

175 Gespräch mit FABIAN STUBER vom 05.03.2022.

176 Gespräch mit TOMA LÜTHI vom 04.03.2022.

177 Gespräch mit TOMA LÜTHI vom 06.03.2022.

178 Gespräch mit NOAH FREI vom 05.03.2022.

sind, *bekommen* die ganzen Frauen – oder zum Teil auch Männer.»[179]

«Der Held in Filmen ist immer der Muskulöse, ohne Körperbehaarung und mit perfektem Gesicht. [...] Was auch interessant ist, ist, dass auf Gemälden, bei Statuen, allgemein in der Kunst oder bei Zeichentrickfilmen, Männer eigentlich immer ohne Körperbehaarung dargestellt werden, obwohl der durchschnittliche Mann sichtbare Brust- und Bauchbehaarung hat. Da fragt man sich, ob es aus Einfachheit gemacht wird, ob es vergessen ging oder ob einfach wegen des Schönheitsideals.»[180] Das Fehlen einer Körperbehaarung macht, dass die Muskeln stärker betont sind. Bei Zeichentrickfilmen hat vermutlich die Zielgruppe – die selbst kaum sichtbare Körperbehaarung hat und sich deshalb so besser identifizieren kann – etwas mit der Haarlosigkeit zu tun.

Etwas anderes, unter dem auch viele leiden, ist ein verspäteter Bartwuchs oder ein sich nach oben verschiebender Haaransatz. «Glatzen sind mehr oder weniger akzeptiert in unserer Gesellschaft. Aber viele Männer haben ein Problem damit, eine hohe Stirn zu haben. Manche tragen dann Mützen oder lassen ihre Haare wachsen, damit sie sie nach vorne nehmen können und man so den Haaransatz nicht sieht.»[181]

«Je mehr man sich selbst anhand des Körpers beurteilt, desto mehr beurteilt man auch andere nach ihrem Körper.»[182] Der eine oder andere blöde Spruch rutscht einem schnell heraus. Auch wenn es einem komplett egal ist, wie gross oder klein, wie viel Bierbauch oder Fettbrüste, wie viel Glatze oder wie viel Bart einer hat, macht man vielleicht doch eine kleine Bemerkung, die dann oft ernster genommen wird, als sie gemeint ist.

Männern und Knaben werden weniger Komplimente zu ihrer Kleidung oder ihrem Aussehen gemacht. Aber das heisst nicht, dass das Aussehen keinen Stellenwert hätte oder, dass sie in ihr Aussehen keine Zeit investieren würden. Auch sie leiden unter dem eindimensionalen Schönheitsdruck.

«Männern ist es unangenehm, über ihr Äusseres zu sprechen. Weil es als unmännlich gilt, sich um sein Äusseres Sorgen zu machen. Wenn Männer nach ihren Unzufriedenheiten gefragt werden, dann versuchen sie oft abzulenken.»[183] Beispielsweise streiten manche Männer, die sich die Augenbrauen zupfen oder sie etwas zurechtschneiden, ab, dass sie dies tun.

Es wird öfter darüber gesprochen, dass Frauen unter Schönheitsidealen leiden, als darüber, dass dies auch Männer tun. Es wird so getan, als würde Anorexie bei Männern

---

179 Gespräch mit LAURIN SCHENKEL vom 05.03.2022.
180 Gespräch mit TOMA LÜTHI vom 06.03.2022.
181 Gespräch mit LAURIN SCHENKEL vom 05.03.2022.
182 Gespräch mit TOMA LÜTHI vom 06.03.2022.
183 Gespräch mit ANDREAS SCHÖNEBERGER vom 04.03.2022.

oder Knaben nicht existieren. Als hätten alle das Körpergefühl eines Löwen.

Bei Frauen werden Unsicherheiten öfter angesprochen, als bei Männern. *Denn ein Mann muss immer überzogen von sich selbst sein. Superhelden zweifeln nie.* Das stellt das grösste Problem dar. Männer fühlen sich oft nicht wohl, darüber zu sprechen. Auch in engen Freundschaften wird eigentlich nie über den eigenen Körper gesprochen. «Denn wenn sie darüber sprechen würden, dann würden sie ihre grösste Unsicherheit offenbaren – emotionale Resilienz. Die meisten Männer wollen nicht, dass ihr Umfeld weiss, dass es ihnen psychisch auch manchmal nicht gut geht, dass sie auch Unsicherheiten haben und, dass sie sich hin und wieder nicht vollumfänglich wohl in der Rolle fühlen, die ihnen die Gesellschaft zugeschrieben hat.»[184] *Der Mann, der Ernährer, der Beschützer. Niemals schwach.* Unsicherheiten werden tot geschwiegen.

Schönheitsideale «gelten zwar für Frauen und Männer gleichermassen – aber Frauen werden stärker als Körper bewertet als Männer. [...] Für Männer ist es kein Hindernis, wenn sie den Schönheitsnormen nicht entsprechen. Für Frauen muss es nicht unbedingt eines sein, aber sie werden definitiv immer auch danach bewertet, wie sie aussehen.»[185]

Frauen haben weitaus mehr Freiheit in der Gestaltung ihres Aussehens. Alle Farben, alle Stoffe, alle Schnitte und alle möglichen Accessoires stehen ihnen zur Verfügung. In Kleiderläden sind die Abteilungen für Frauen riesengross, die der Männer machen bloss einen kleinen Teil des jeweiligen Ladens aus – und selbst von dem Teil kann sich eine Frau so gut wie alles nehmen, was sie will, ohne zweimal angeschaut zu werden. Die Spielräume für Frauen haben sich in den letzten hundert Jahren weitaus mehr geöffnet als die der Männer.

Bereits im Baby-Alter bekommen Mädchen mehr Komplimente zu dem, was sie anhaben als Knaben. Dadurch wird man als Mädchen gewissermassen dazu erzogen, sich Gedanken um den eigenen Kleiderschrank zu machen. Kleine Mädchen werden gebürstet, frisiert und ihnen werden die Nägel lackiert. Den Knaben wird kurz durch das Haar gefahren und damit hat es sich. Mädchen werden in eine Welt des Konsums erzogen.

«Frauen haben mehr Kosmetikprodukte und Kleidungsstücke zur Auswahl, aber ihnen wird auch gesagt, dass sie alle diese Dinge haben müssen. Dadurch, dass einem beigebracht wird dem eigenen Äusseren so viel Aufmerksamkeit zu schenken, konsumieren sie auch einfach sehr viel. Diese Firmen, bei denen die Abteilungen so unterschiedlich gross sind, sind häufig *fast fashion* Firmen. Bei *fast fashion* ist die Produktion ethisch sehr fragwürdig. Frauen produzieren diese Kleidungsstücke unter sehr schlechten Bedingungen. Sie werden ausgebeutet. Dieses ganze System, dass diese Kleidungsstücke

---

184 Gespräch mit Luca Conconi vom 04.03.2022.
185 Stokowski, Margarete, Untenrum Frei, S. 78.

und all diese Kosmetikprodukte verkauft werden und mit dem so viel Kapital gemacht werden kann, beruht auf den körperlichen Unsicherheiten von Frauen. Oder eben darauf, dass ihnen anerzogen wird, dass sie ihrer Kleidungsauswahl eine so grosse Aufmerksamkeit schenken müssen. Wenn Frauen selbstsicherer wären, dann würde dieser Kapitalismus nicht mehr funktionieren, da es diesen grossen Konsum nicht mehr gäbe.»[186]

An der Oskar Verleihung 2019 trug der Schauspieler Billy Porter ein Kleid, der Musiker Steve Lacy an den Grammys 2020 und der Sänger Harry Styles auf dem Cover der *Vogue* im Dezember 2020. Ansonsten scheinen in Ländern, in denen Männer nicht traditionellerweise Röcke tragen, Männer in Röcken nicht zu existieren.

Gross unterscheidet sich die Reaktion auf Männern in Röcken wohl kaum von der Reaktion auf Frauen in Hosen, als dies noch eine Seltenheit war. Somit sind wir alles unbewusste Zeitzeugende, die denen jener Zeit näherstehen, als gedacht. Hosen anzuziehen, war für Frauen ein Zeichen der Befreiung von bindenden Geschlechternormen. Vielleicht wird das Rockanziehen auch eines für Männer werden. Jedoch ist der Rock ein Kleidungsstück, dass für manche Person eine gewisse Unterdrückung verkörpert – oder zumindest weniger Macht als Hosen.

Heterosexuelle Männer haben mehr Hemmungen davor, sich «weiblich» zu kleiden oder zu präsentieren. Oft haben nicht heterosexuelle Männer weniger Probleme damit, die Normen zu brechen. Aber die Ansprüche an den männlichen Körper ist in der schwulen Community grösser. Allgemein darf die Wirkung der Queeren Bewegung nicht unterschätzt werden. Sie hat einige Vorschritte in der Geschlechterdebatte gebracht – von mehr inklusiver Sprache über die Aufwertung und Feier von Weiblichkeit, wie auch der Verdeutlichung, dass Geschlecht eine Performance ist. Es wird infrage gestellt, ob Schminke und Kleidungsstücke ein Geschlecht haben sollten. Es geht um Freiheit, darum sich selbst auszuleben, ohne sich Gedanken darüber zu machen, ob dies mit dem eigenen Genital konform ist. *Doing gender*: heute, morgen und jeden weiteren Tag.

---

186 Gespräch mit Flurina Battaglia vom 05.03.2022. Audioaufnahme im Besitz der Autorin.

9
SCHLUSSWORT

Also, was geschah jetzt eigentlich nach 1971? Der Kampf um das Frauenstimmrecht war noch nicht an allen Orten beendet. Im Kanton Appenzell Innerrhoden dauerte er sogar bis 1990. Die Parteien fingen an, Frauen für ihre Parteilisten zu suchen. Die ersten Frauen kamen in die verschiedenen Parlamente. Es wurden neue Gesetze gemacht, alte diskriminierende überarbeitet. Frauen politisierten mit einem etwas anderen Erfahrungshintergrund. Die Eidgenössische Kommission für Frauenfragen wurde gegründet. In den verschiedenen Räten schlossen sich Frauen zusammen, um gemeinsame Anliegen in den Fraktionen und Parteien durchzubringen. Politisch aktive Frauen motivierten und ermutigten andere Frauen, es ihnen gleichzutun. Doch es war ein steiniger und dornenvoller Weg für die erste Generation von Parlamentarierinnen. Sie hatten weder Vorbilder noch «Drehbücher», noch konnten sie auf dasselbe Netzwerk zurückgreifen wie Männer. Sie mussten kämpfen, um ernst genommen und um als gleichgestellt akzeptiert zu werden. Durch das Neu-Sein erhielten sie viel Medienaufmerksamkeit. Sie bekamen so die Möglichkeit, sich zu beweisen. Allerdings konnten sie auch bitter daran scheitern. Bei ihnen legte man strengere Massstäbe an. Man betrachtete kritischer, was sie taten und wie sie aussahen. Die Hemmschwelle zu negativen, unsachlichen und grausigen Kommentaren ihnen gegenüber war tiefer als gegenüber Männern. Es gab in vielerlei Hinsicht eine Doppelmoral aufgrund der tradierten gesellschaftlichen Wertvorstellungen von *Mann* und *Frau*.

Weiterführend könnten noch mehr Erlebnisse von Frauen erzählt werden, die sich zu dieser Zeit abgespielt haben. Allenfalls wäre bei einer solchen Arbeit pro Zeitzeugin oder Zeitzeuge mehrere Gespräche von Vorteil, weil sie sich so an noch mehr Erlebnisse erinnern könnten. Man könnte sich aber auch auf einen einzigen Aspekt (z.B. Aufbau eines Netzwerks) fokussieren. Des Weiteren könnten im Rahmen einer Studie gewisse spezifische Fragen wissenschaftlich erhoben und ausgewertet werden, um auf der Basis der Forschungsergebnisse zu prüfen, ob und in welchen Bereichen gesetzgeberischer Handlungsbedarf besteht und wie dieser Bedarf geregelt werden könnte.

Mit Zeitzeuginnen-Interviews zu arbeiten, war für meine Fragestellung die beste Methode. Denn es ging darum, herauszufinden, wie es für diese Frauen konkret war, wie sie sich gefühlt hatten und was sie dachten. Vor den Interviews hatte ich mir einige Fragen notiert. Einige davon stellte ich allen, um herauszufinden, ob die Erzählungen subjektive Eindrücke und Randerfahrungen waren oder ob es sich um allgemeine Empfindungen handelte. Zudem stellte ich immer auch individuelle Fragen, die sich auf gewisse Aspekte des politischen Werdegangs der Interviewpartnerin fokussierten. Während des Interviews kamen spontan neue Fragen hinzu, wenn das Erzählte in eine unerwartete Richtung ging. Grundsätzlich waren die Ergebnisse der Interviews aber sehr von meinen Ursprungsfragen abhängig – aber das lässt sich bei keiner Studie vermeiden.

Es war immer schön, nach einem geführten Interview zu merken, wie sich die einzelnen Puzzlestücke langsam zu einem Gesamtbild zusammenfügten. Dadurch, dass alle Frauen in etwa die gleichen Erfahrungen schilderten, war ich bestärkt, dass dieses Bild ein verlässliches Abbild darstellt. Und doch war jedes Interview verschieden. Jede Frau hat neue Aspekte und spannende Gedanken hineingebracht.

Das intensive Einlesen in die Geschichte des Frauenstimmrechts und in die Zeit danach waren sehr wichtig, ansonsten hätte ich Schwierigkeiten gehabt, die Ausführungen der Interviewpartnerinnen zu verstehen. Zudem hatte ich so Zeit, den Zeitzeuginnen diese Fragen zu stellen, die ich anderweitig nicht beantworten konnte. Bedauerlich ist, dass ich nicht sämtliche Erzählungen in die Arbeit einbauen konnte, weil ich mich auf gewisse Themen und Aspekte fokussieren und daher eine Auswahl treffen musste.

Ich selbst habe durch meine Maturaarbeit nicht nur geschichtlich, sondern auch persönlich sehr viel gelernt. Für die Begegnungen und was sie mir vermitteln konnten, bin ich unglaublich dankbar.

10
VERDANKUNG

Mein besonderer Dank gilt ELISABETH KOPP, SUSANNE LEUTENEGGER OBERHOLZER, LILI NABHOLZ, GABRIELLE NANCHEN, LENI ROBERT-BÄCHTOLD, HANNA SAHLFELD-SINGER, MONIKA STOCKER, MONIKA WEBER, ROSMARIE ZAPFL-HELBLING und ELISABETH ZÖLCH. Vielen Dank, dass ich Sie alle kennenlernen durfte. Sie sind alles unglaublich beeindruckende Menschen. Ich kann Ihnen gar nicht sagen, wie dankbar ich Ihnen bin, dass Sie für all diese Dinge gekämpft haben, die ich für lange Zeit als selbstverständlich erachtet habe. Sie haben Geschichte geschrieben! Es wird oft gesagt, dass eine Person zur falschen Zeit geboren wurde, wenn sie ein fortschrittlicheres Denken als die Gesellschaft hat, in der sie lebt. Aber ich versichere Ihnen: Sie sind genau zur richtigen Zeit zur Welt gekommen. Denn es brauchte und braucht Menschen wie Sie. Menschen, die etwas verändern! Ansonsten würde immer alles beim Alten bleiben. Sie haben mich alle unglaublich inspiriert und mir wertvolle Weisheiten auf den Weg gegeben. Herzlichen Dank, dass ich mit Ihnen schreiben, telefonieren oder Sie sogar zu Hause besuchen durfte und dass Sie sich für mich und meine Arbeit so viel Zeit genommen haben und derart offen erzählt haben. Es waren alles sehr interessante und unvergessliche Gespräche.

Herzlich danken möchte ich auch DANIEL WIEDENKELLER, Lehrer für Geschichte an der Kantonsschule Zürcher Oberland, Wetzikon. Ich hätte mir keine engagiertere Betreuungslehrperson vorstellen können. Manchmal, wenn du mit dreissigjährigen Zeitungsartikeln, zu mir kamst, hatte ich das Gefühl, dass du jahrelang nur auf diesen Moment gewartet hattest, dass jemand eine Maturaarbeit genau zu diesem Thema schreibt. Jedoch muss angemerkt werden, dass du mich vermutlich zu jedem anderen Thema ebenso gut mit Material hättest versorgen können. Danke, dass du so begeistert vom Thema warst und deine Augen immer für Material offen hattest.

Bei JAKOB TANNER, Historiker und emeritierter Professor für *Geschichte der Neuzeit* und *Schweizer Geschichte* der Universität Zürich, möchte ich mich für die Betreuung im Rahmen des *Nationalen Wettbewerbs 2022* der Stiftung *Schweizer Jugend forscht* bedanken. Danke, dass ich mich durch Ihre klugen Anmerkungen noch einmal in das Thema fallenlassen durfte. Sie haben mir gezeigt, dass mich das Thema auch nach zwei Jahren nicht loslassen kann – wird es wohl nie. Durch Sie habe ich zum ersten Mal realisiert, dass die Arbeit wirklich gelesen wird. Auf diese Weise konnte ich erstmals mit etwas Abstand auf die Arbeit blicken. Danke, dass Sie sich Zeit für meine Arbeit und meine Fragen genommen haben. Die Zusammenarbeit mit Ihnen habe ich sehr geschätzt. Ihre Überlegungen haben die Arbeit sehr bereichert.

ANDREAS SCHÖNENBERGER, DAVID MAITLAND, DOMINIK MÜHLEBACH, FABIAN STUBER, FELIX GANTHER, FELIX GLEDERBLOM, FLORIAN WEPFER, LAURIN SCHENKEL, LEANDRO GOHL, LUCA CONCONI, LUKAS AMIET, NOAH FREI, SIMON RIEHLE, TIMON ZBINDEN und TOMA LÜTHI. Danke, dass ihr mit mir so offen über das *Mannsein* gesprochen habt, in das ich selbst zu wenig Einblick habe.

Danke ELIZAVETA SKARGINA, dass du mir immer wieder Titelblatt-Entwürfe angefertigt hast und, dass du meine Idee «Rütli der Schweizer Frauen» für den Buchumschlag nicht bloss gestaltet, sondern regelrecht zum Leben erweckt hast. Das Ergebnis ist noch schöner geworden, als ich es mir vorgestellt habe. Danke, dass du, als ich die Arbeit ein weiteres Mal aufgenommen habe, auch das Layout gemacht hast.

MARINA WILLIAM, MAYA VOGEL, FLURINA BATTAGLIA, CORINNE RÜEGG, SILJA BENKER, DAMARIS SAGER, MADLAINA KARZIG, JULIA PETER und ANDREAS SCHÖNENBERGER. Vielen Dank, dass ihr immer ein offenes Ohr für mich hattet und ihr mir mit euren aufmunternden Worten sowie Tipps und Tricks immer zur Seite gestanden seid.

Zuletzt möchte ich mich noch bei ROGER PETER, FLURINA BATTAGLIA, ANDREAS SCHÖNENBERGER, MAYA VOGEL und JULIA PETER für das Korrekturlesen und die Rückmeldungen bedanken.

11
BIBLIOGRAFIE

11.1 Quellenverzeichnis

Zeitzeuginnen Interviews:
Gespräch mit ELISABETH KOPP, Zumikon, vom 27.08.2020. Audioaufnahme im Besitz der Autorin.

Gespräch mit ELISABETH ZÖLCH (per Telefon) vom 19.08.2020. Audioaufnahme im Besitz der Autorin.

Gespräch mit GABRIELLE NANCHEN (per Telefon) vom 21.07.2020. Audioaufnahme im Besitz der Autorin.

Gespräch mit HANNA SAHLFELD-SINGER (per E-Mail) vom 11.08.2020.

Gespräch mit LENI ROBERT-BÄCHTOLD, Muri BE, vom 17.09.2020. Audioaufnahme im Besitz der Autorin.

Gespräch mit LILI NABHOLZ (per Telefon) vom 29.07.2020. Audioaufnahme im Besitz der Autorin.

Gespräch mit MONIKA STOCKER, Zürich, vom 22.08.2020. Audioaufnahme im Besitz der Autorin.

Gespräch mit MONIKA WEBER, Zürich, vom 23.07.2020. Audioaufnahme im Besitz der Autorin.

Gespräch mit ROSMARIE ZAPF-HELBLING, Rüti ZH, vom 22.07.2020. Audioaufnahme im Besitz der Autorin.

Gespräch mit SUSANNE LEUTENEGGER Oberholzer (per E-Mail) vom 22.08.2020.

Gespräch mit LILI NABHOLZ (per E-Mail) vom 16.03.2022.

Gespräch mit MONIKA WEBER (per E-Mail) vom 17.03.2022.

Weitere Gespräche:
Gespräch mit TOMA LÜTHI vom 04.03.2022 und 06.03.2022. Material im Besitz der Autorin.

Gespräch mit DOMINIK MÜHLEBACH vom 04.03.2022. Material im Besitz der Autorin.

Gespräch mit ANDREAS SCHÖNENBERGER vom 04.03.2022. Material im Besitz der Autorin.

Gespräch mit LUCA CONCONI vom 04.03.2022 und 05.03.2022. Material im Besitz der Autorin.

Gespräch mit David Maitland vom 05.03.2022. Material im Besitz der Autorin.

Gespräch mit Felix Ganther vom 05.03.2022. Material im Besitz der Autorin.

Gespräch mit Felix Glederblom vom 05.03.2022. Material im Besitz der Autorin.

Gespräch mit Flurina Battaglia vom 05.03.2022. Audioaufnahme im Besitz der Autorin.

Gespräch mit Leandro Gohl vom 05.03.2022. Material im Besitz der Autorin.

Gespräch mit Noah Frei vom 05.03.2022. Material im Besitz der Autorin.

Gespräch mit Simon Riehle vom 05.03.2022. Material im Besitz der Autorin.

Gespräch mit Laurin Schenkel vom 05.03.2022. Audioaufnahme im Besitz der Autorin.

Gespräch mit Fabian Stuber vom 05.03.2022. Material im Besitz der Autorin.

Gespräch mit Timon Zbinden vom 05.03.2022. Material im Besitz der Autorin.

Gespräch mit Florian Wepfer vom 06.03.2022. Material im Besitz der Autorin.

Gespräch mit Lukas Amiet vom 06.03.2022. Material im Besitz der Autorin.

Literatur:

Amlinger, Fabienne,
«Am Rande des politischen Geschehens». Die ersten eidgenössischen Politikerinnen, in: Macht und Repräsentativität von Schweizer Parlamenten nach 1848, Zeitschrift für Geschichte 2018/3 S. 101 – 113

Die SP-Frauen und ihre Partei: Eine Geschichte von Loyalität und Opposition, in: LINKS Mitgliederzeitung der SP Schweiz, Nr. 172 Ausgabe CH Oktober 2017, S. 4 - 7.

Batthyany, Sacha / Koch, Carole,
Interview mit alt Bundesrätinnen Kopp und Dreifuss: «Das Geschwätz der Männer ging auf die Nerven», in: NZZ am Sonntag vom 01.12.2018.

Beard, Mary,
Frauen & Macht, Frankfurt 2018.

Bill, Monika / Schär, Regula,
«Gerechtigkeit erhöht ein Volk». 40 Jahre Frauenstimm- und Wahlrecht: Themenheft für die Sekundarstufe 2, Worblaufen 2011.

Bund,
Abstimmungsbüchlein. Volksabstimmung vom 14. Juni 1981. Gleiche Rechte für Mann und Frau.

Büchler, Andrea / Cottier, Michelle,
Intersexualität, Transsexualität und das Recht. Geschlechtsfreiheit und körperliche Integrität als Eckpeiler einer neuen Konzeption, in: Freiburger FrauenStudien 17, S. 116.

Christen, Jemeima,
Die Geschichte des Schweizer Frauenstimmrechts. Ein langer Weg zum Erfolg, Maturarbeit Kantonsschule Zürcher Oberland, Wetzikon 2010.

Crotti, Claudia / Keller, Sarah,
Zur «Geschlechterfrage» im Schweizer Bildungssystem seit 1950, in: Beiträge zur Lehrerinnen- und Lehrerbildung 2001, S. 352 - 364.

Eidgenössische Kommission für Frauenfragen.
Ausgelaugt bis Zärtlichkeit: Fakten zur Emanzipation von Frau und Mann.
Bern/Zürich 1983,
Fakten zur Medienpräsenz von Kandidatinnen, Bern 2007.
Frauen Macht Geschichte 1848 - 2000. Gleiche Rechte für Mann und Frau: Institutionelle Gleichstellungspolitik, Bern 2009.
Frauen Macht Geschichte 1848 - 2000. Mädchenbildung und Koedukation, Bern 2009.
Frauen Macht Geschichte 1848 - 2000. Schwangerschaftsabbruch, Bern 2011.

European Commission,
Special Eurobarometer 449, Gender-based Violence, 2016.

Frederick, David / St. John, Kate / Garcia, Justin / Lloyd, Elisabeth,
Differences in Orgasm Frequency Among Gay, Lesbian, Bisexual, and Heterosexual Men and Women in a U.S. National Sample, 2017.

Gross, Christoph / Heuer, Christian / Notz, Thomas / Stadler, Brigit / Bloch-Pfister, Alexandra,
Schweizer Geschichtsbuch, Band 2, Vom Absolutismus bis zum Ende des Ersten Weltkrieges, 1. Auflage Bern, Berlin 2015.

Hervé, Florence / Mantilleri, Brigitte,
SCHWEIZ, Frauengeschichten - Frauengesichter, Dortmund 1998.

Joris, Elisabeth (Hg.) / Witzig, Heidi (Hg.),
Frauen Geschichte(n). Dokumente aus zwei Jahrhunderten zur Situation der Frauen in der Schweiz, 4. Ergänzte Auflage, Zürich 2001.

Kapella, Olaf / Baierl, Andreas / Rille-Pfeiffer, Christiane / Geserick, Christine / Schmidt, Eva-Maria,
Gewalt in der Familie und im nahen sozialen Umfeld. Österreichische Prävalenzstudie zur Gewalt an Frauen und Männern, Österreichisches Institut für Familien Forschung, Wien 2011.

Kleisli, Fritz,
Schweiz: Die Mähr von der ältesten Demokratie der Welt, Juni 2016.

Kugler, Astrid,
Der Zürcher Kantonsrat. «Gewählt, nicht auserwählt», 2. aktualisierte Auflage, Zürich 2013.

Küpfer, Sidonia,
Auf die Heirat folgt die Kündigung, in: Schaffhauser Nachrichten vom 27.12.2019.

Lichtensteiger, Sibylle / Enz, Sonja / Gloor, Alain,
Geschlecht jetzt entdecken, Lenzburg, 2020.

Loeb, François,
Parlamentsgeschichten, Bern 2011.

Mesmer, Beatrix,
Staatsbürgerinnen ohne Stimmrecht. Die Politik der schweizerischen Frauenverbände 1914-1971, Zürich 2007.

Meister, Jessica,
Die sexuelle Revolution der Frauen ist ausgeblieben, in: Tagesanzeiger vom 14.04.2018

Nanchen, Gabrielle,
Liebe und Macht. Gedanken zu den weiblichen und männlichen Werten, Zürich 1992.

Pankhurst, Emmeline,
My own Story, Vintage Classics, 2018.

Pusch, Louise,
Das Deutsche als Männersprache, 2. Auflage, Frankfurt 2017.

Schai, Larissa,
Linke Frauen in der Politik, Maturarbeit Kantons Schule Zürcher Oberland, Wetzikon 2018.

Stokowski, Margarete,
Untenrum Frei, 16. Auflage, Hamburg 2020.

TRUNIGER, KARIN, Reden in der Öffentlichkeit. Frauen in der Schweizer Politik nach 1971, Saarbrücken 2015.

UN WOMEN. United Nations Entity for Gender Equality and the Empowerment of Women. 2011-2012 Progress of the World's Women. In pursuit of Justice.

VOEGELI, YVONNE,
Zwischen Hausrat und Rathaus. Auseinandersetzungen um die politische Gleichberechtigung der Frauen in der Schweiz 1945-1971, Zürich 1997.

WIDMER, MARINA (Hg.) / WITZIG, HEIDI (Hg.),
Blütenweiss bis rabenschwarz. St. Galler Frauen – 200 Portraits, Zürich 2003.

11.2 Film- und Audioquellen:

1968. Frauen verändern die Gesellschaft. (Regie: BELINDA SALLIN. Produktion: MONIKA ZINGG, Dokumentarfilm, Schweiz 2018.)

Das neue Eherecht von 1988. Eherecht in der Schweiz. 07.06.1983, in: Archiv des Schweizer Radio und Fernsehen (mp4-Datei)

Der Rücktritt einer Bundesrätin. Die Ära Widmer-Schlumpf. (Regie: MARIUS BORN; Produktion: MONIKA ZINGG. Dokumentarfilm, Schweiz 2016)

Die 7 Bundesrätinnen der Schweiz. Frauen in der Politik. (Regie: BELINDA SALLIN. Produktion: MONIKA ZINGG. Dokumentarfilm, Schweiz 2018)

Die Göttliche Ordnung. (Regie: PETRA VOLPE. Drama / Dramedy, Schweiz 2017).

Elisabeth Kopp. Die erste Bundesrätin. 02.10.1984, in: Archiv des Schweizer Radio und Fernsehen (mp4-Datei).

Elisabeth Kopp. Eine Winterreise. (Regie: ANDRES BRÜTSCH, Dokumentarfilm, Schweiz 2007)

Erstmals ziehen Frauen ins Schweizer Parlament ein. 10.12.1971, in: Archiv des Schweizer Radio und Fernsehen (mp4-Datei).

Feminists: What were they thinking? (Regie: JOHANNA DEMETRAKAS, Produktion: JOHANNA DEMETRAKAS, LISA REMINGTON, GRETCHEN LANDAU, JERYL JAGODA, Dokumentarfilm, Vereinigte Staaten 2018).

Maya Graf - Die Feministin vom Bundeshaus. Frauen in der Politik. (Regie: NATHALIE RUFER; Produktion: CHRISTINE RINDISBACHER, Dokumentarfilm, Schweiz 2018)

Suffragette (Regie: SARAH GAVRON, Drama / Historiefilm, Grossbritannien 2015)

The «Male Gaze» is Why You're Ugly. Salem Tovar. 18.08.2021

Wenn Männer für Frauen Motzen. Eine Walliser Saga. (Regie: MAY B. BRODA, Dokumentarfilm. Schweiz 1996)

1.3 Internetseiten

https://www.20min.ch/story/kaempferinnen-gegen-ihr-eigenes-recht-796164011529 (04.10.2020; 15:23)

https://www.admin.ch/opc/de/classified-compilation/19950082/index.html#id-2 (07.10.2020; 09.20)

https://www.aerzteblatt.de/archiv/186686/Haeusliche-Gewalt-gegen-Maenner-Un-beachtet-und-tabuisiert (26.02.2022; 17:11)

https://www.ai.ch/land-und-leute/geschichte/1990-einfuehrung-des-frauenstim-mrechtes (29.08.2020; 18:45)

https://www.aoef.at/index.php/studien-zu-gewalt/154-gewalt-in-der-familie-und-im-nahen-sozialen-umfeld (05.03.2022; 10:22)

https://www.appenzell.ch/de/kultur-und-braeuche/braeuche-und-traditionen/landsgemeinde.html (29.08.2020; 14:04)

https://www.appenzell.ch/fileadmin/template_appenzell/user_upload/06_Doku-mente/Listen_als_PDF/Landsgemeinde.pdf
(29.08.2020; 17:57)

https://bacandrology.biomedcentral.com/articles/10.1186/s12610-017-0048-9 (26.02.2022; 16:30)

https://bimek.com/?lang=de (26.02.2022; 15:17)
https://www.bj.admin.ch/bj/de/home/sicherheit/gesetzgebung/gewaltschutz.html (06.10.2020; 23:26)

https://www.bk.admin.ch/ch/d/pore/va/19590201/index.html (16.09.2020; 20:51)

https://www.bk.admin.ch/ch/d/pore/va/19710207/index.html (16.09.2020; 20:51)

https://www.blick.ch/news/schweiz/zuerich/wurde-monika-stocker-gemobbt-id157690.html (08.10.2020; 15:48)

https://www.ch.ch/de/wahlen2019/eidgenossische-wahlen-ein-blick-zuruck/frauenstimmrecht-in-der-schweiz/ (21.07.2020; 8:00)

https://www.google.ch/publicdata/explore?ds=mo4pjipima872_&met_y=population&idim=subregion3:CH054&hl=de&dl=de (21.07.2020; 13:00)

https://hls-dhs-dss.ch/de/articles/048195/2006-11-09/ (13.09.2020; 15:33)

https://www.law-news.ch/2011/05/heirat-das-namensrecht-fuer-ehepaare (06.10.2020; 22:25)

https://www.luzernerzeitung.ch/schweiz/es-wird-licht-im-bundesratsarchiv-ld.1081489 (29.09.2020; 22:46)

https://myuterus.de/news/coso-die-neue-verhuetung-fuer-den-mann/ (26.02.2022; 14:36)

https://www.nzz.ch/gegnerinnen_der_gleichberechtigung-1.9371693 (04.10.2020; 17:20)

https://nzzas.nzz.ch/hintergrund/alt-bundesraetinnen-kopp-und-dreifuss-das-geschwaetz-der-maenner-ging-auf-die-nerven-ld.1441204 (06.09.2020; 11:30)

https://www.nzz.ch/schweiz/bildstrecke/frauenstimmrecht-der-marsch-auf-bern-vor-fuenfzig-jahren-ld.1461795 (05.10.2020; 13:15)

https://www.parlament.ch/de/%C3%BCber-das-parlament/fakten-und-zahlen/zahlen-ratsmitglieder (18.08.2020; 19:50)

https://www.parlament.ch/de/ratsbetrieb/suche-curia-vista/geschaeft?AffairId=20133485 (11.10.2020; 21:17)

https://www.srf.ch/news/regional/bern-freiburg-wallis/50-jahre-frauenstimmrecht-bern-der-kampf-der-frauen-gegen-das-frauenstimmrecht (16.09.2020; 20:36)

https://www.srf.ch/news/schweiz/wahlen-2019/frauen-in-schweizer-parteien-wo-ist-die-gleichstellung (05.10.2020)

https://www.tagblatt.ch/ostschweiz/frauenfeld-munchwilen/klares-nein-aus-dem-thurgau-ld.799325 (05.10.2020; 12:02)

https://www.tagblatt.ch/schweiz/ein-denkmal-fur-die-frauen-ld.1129105 (09.10.2020; 11:15)

https://de.wikipedia.org/wiki/Apartheid (05.10.2020; 21:13)

https://de.wikipedia.org/wiki/B%C3%BCrgerlich-Demokratische_Partei (18.03.2022; 16:06)

https://de.wikipedia.org/wiki/Brunner-Effekt (19.03.2022; 22:16)

https://de.wikipedia.org/wiki/Elisabeth_Kopp#:~:text=Am%202.%20Oktober%20 1984%20w%C3%A4hlte,erste%20Frau%20in%20den%20Bundesrat. (06.09.2020; 09:14)

https://de.wikipedia.org/wiki/Eidgen%C3%B6ssisches_B%C3%BCro_f%C3%BCr_die_ Gleichstellung_von_Frau_und_Mann
(11.10.2020; 17:17)

https://de.wikipedia.org/wiki/Elisabeth_Kopp (11.06.2020; 08:24)

https://de.wikipedia.org/wiki/Elisabeth_Z%C3%B6lch (11.06.2020; 08:24)

https://de.wikipedia.org/wiki/Frauenstimmrecht_in_der_Schweiz (21.07.2020; 8:30)

https://de.wikipedia.org/wiki/Frauenstreik#Schweizer_Frauenstreiks_1991_ und_2019 (05.12.2020; 10:26)

https://de.wikipedia.org/wiki/Friedensbewegung#Neue_Friedensbewegung (06.10.2020; 08:33)

https://de.wikipedia.org/wiki/Gabrielle_Nanchen (11.06.2020; 08:24)

https://de.wikipedia.org/wiki/Hanna_Sahlfeld-Singer (11.06.2020; 08:24)

https://de.wikipedia.org/wiki/Helvetia_ruft (05.12.2020; 10:27)

https://de.wikipedia.org/wiki/Leni_Robert (11.06.2020; 08:24)

https://de.wikipedia.org/wiki/Leserbrief (05.10.2020; 11:44)

https://de.wikipedia.org/wiki/Lili_Nabholz (11.06.2020; 08:24)

https://de.wikipedia.org/wiki/Lilian_Uchtenhagen (06.09.2020; 09:46)

https://de.wikipedia.org/wiki/Misandrie (05.10.2020; 10:30)

https://de.wikipedia.org/wiki/Misogynie (05.10.2020; 10:17)

https://de.wikipedia.org/wiki/Monika_Weber_(Politikerin) (11.06.2020; 08:24) https://de.wikipedia.org/wiki/Monika_Stocker (11.06.2020; 08:24)

https://de.wikipedia.org/wiki/Patriarchat_%28Soziologie%29
(05.10.2020; 10:23)

https://de.wikipedia.org/wiki/Rosmarie_Zapfl-Helbling (11.06.2020; 08:24)

https://de.wikipedia.org/wiki/Schwangerschaftsabbruch (06.10.2020; 23:17)

https://de.wikipedia.org/wiki/Susanne_Leutenegger_Oberholzer (11.06.2020; 08:24)

https://de.wikipedia.org/wiki/Theresia_Rohner#cite_note-3
(30.08.2020; 19:00)

https://www.wikiwand.com/de/Theresia_Rohner (21.07.2020; 13:13)

https://www.workzeitung.ch/2021/01/christiane-brunner-die-nichtwahl/
(15.03.2022; 12:33)

https://www.zentralplus.ch/als-die-frau-die-willkommene-mitarbeiterin-des-
mannes-war-1900805/ (04.10.2020; 16:28)

https://www.zh.ch/de/politik-staat/wahlen-abstimmungen.html?key-
word=demokratie#/home (21.07.2020; 13:10)

11.4 Abbildungsverzeichnis

https://www.gettyimages.de/detail/nachrichten-foto/elisabeth-kopp-pre-sident-of-local-council-zumikon-1978-nachrich-ten-foto/1173814713?adp-po-pup=true
(07.10.2020; 13:04)

https://de.wikipe-dia.org/wiki/Susanne_Leutenegger_Oberhol-zer#/media/Da-tei:-Susanne_Leuteneg-ger_Oberhol-zer_1990.jpg (07.10.2020; 13:04)

Privatbesitz von Lili Nabholz

Privatbesitz von Gabrielle Nanchen

https://twitter.com/kan-ton_bern/sta-tus/999940591164280832/pho-to/2 (01.10.2020; 17:32)

https://www.watson.ch/sch-weiz/national-rat/783414393-hanna-sahlfeld-wie-es-als-eine-der-ersten-nationalrae-tin-nen-war (07.10.2020; 13:14)

https://www.gettyimages.de/detail/nachrichten-foto/monika-weber-1983-nach-richten-foto/1173911229?adp-po-pup=true
(07.10.2020; 13:10)

https://de.wikipe-dia.org/wiki/Mo-nika_Stocker#/me-dia/Da-tei:Monika_Stocker.jpg
(07.10.2020; 13:25)

Privatbesitz von Rosma-rie Zapfl-Helbling

Privatbesitz von Elisa-beth Zölch

https://hls-dhs-dss.ch/de/artic-les/010380/2019-09-17/ (04.10.2020; 15:54)

Privatarchiv von Hanna Sahl-feld-Singer

https://www.der-bund.ch/
schweiz/standard/die-drit-
tletzte-ihrer-genera-tion/
story/24947934
(09.10.2020; 11:45)

https://www.der-bund.ch/
bern/ich-sehe-den-baum-
wachsen-wer-kann-das-von-
seinem-denkmal-sa-gen/
story/19727114
(05.01.2020; 18:42)

http://ba.e-pics.ethz.ch/late-
lo-gin.jspx?re-cords=:1236053
&r=1602318712437#160231875
9857_2
(10.10.2020; 10:35)

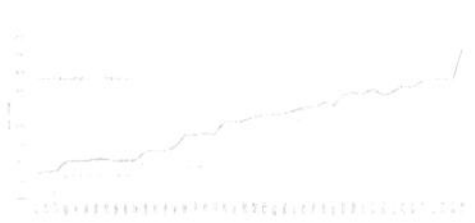

https://www.parla-ment.
ch/de/%C3%BCber-das-par-
lament/fakten-und-zah-
len/zahlen-ratsmitglieder
(11.10.2020; 18:09)